Hans Rotter
Die Würde des Lebens

Hans Rotter

Die Würde des Lebens

Fragen der medizinischen Ethik

Tyrolia-Verlag · Innsbruck–Wien

Mitglied der Verlagsgruppe „engagement“

CIP-Kurztitelaufnahme der Deutschen Bibliothek
Rotter, Hans:
Die Würde des Lebens : Fragen d. med. Ethik / Hans Rotter. –
Innsbruck ; Wien : Tyrolia-Verlag, 1987.

ISBN 3-7022-1604-9

1987

Gesamtherstellung in der Verlagsanstalt Tyrolia
Gesellschaft m. b. H., Innsbruck

Inhaltsverzeichnis

Einleitung

An der Art, wie sich der Mensch zu Leben, Krankheit, Leid und Tod stellt, zeigt sich mehr als anderswo, wie er sich versteht und wie es mit seinem Glauben beschaffen ist. Die Umwälzungen im Bereich der Medizin lassen einen Wandel im Menschenbild selbst spüren. Sosehr man die medizinischen Fortschritte begrüßen wird, weil sie notleidenden Menschen mehr Hilfe bringen können, so wird man doch besorgt sein darüber, daß dem technischen Fortschritt in Diagnose und Therapie oft nicht eine gleiche Aufmerksamkeit im psychologischen und ganzmenschlichen Bereich entspricht, ja, daß dieser oft zugunsten technischer Aspekte zurücktreten muß.

In ethischer Hinsicht wirft die Entwicklung in der Medizin viele Fragen auf, die neu gesehen und diskutiert werden müssen. Es geht dabei nicht nur um das Handeln des Arztes, sondern vor allem auch um die Einstellung und das Verhalten der betroffenen Menschen selbst, etwa der schwangeren und der unfruchtbaren Frauen, der Kranken und Sterbenden.
Die folgenden Kapitel wollen Fragen medizinischer Ethik aufgreifen und zu beantworten versuchen. Das geschieht aus der Sicht der katholischen Moraltheologie. Es sollen also hier nicht rein persönliche Überlegungen vorgetragen werden, sondern es geht um das Bemühen, einen Standpunkt zu vertreten, wie er von einem heutigen Verständnis der kirchlichen Lehre her verantwortlich erscheint.
Um die Ausführungen leichter lesbar zu machen, wurde, soweit möglich, auf eine wissenschaftliche Fachsprache und umfangreiche Anmerkungen verzichtet. Es sollten nur kurze Hinweise auf leicht erreichbare, weiterführende Literatur gegeben werden.
Der Autor wäre glücklich, wenn dieses Buch manchem Leser eine Hilfe sein könnte, mit den Problemen seines Lebens und Leidens besser fertig zu werden.

Kirche und Moral

Moral ist heute wieder gefragt. Der immer tiefere Eingriff in die Natur, der durch heutige Wissenschaft und Technik möglich wird, stellt auch immer radikalere ethische Fragen. So kommt es an medizinischen Fakultäten zur Bildung ethischer Kommissionen. Auch im Bereich der Politik wird etwa in Zusammenhang mit der Umweltzerstörung, der Rüstung, des wirtschaftlichen Ungleichgewichts zwischen Industrieländern und Dritter Welt usw. zunehmend mit ethischen Argumenten gearbeitet.

Gleichzeitig tut man sich aber mit der Moral der Kirche heute oft besonders schwer. Was etwa in manchen Fragen der Sexualmoral verkündigt wird, stößt weithin auf taube Ohren. Man beruft sich lieber auf sein eigenes Gewissen. Hier möchte man eine Instanz sehen, die einem unter allen Umständen das Richtige sagen kann. Bei näherem Zusehen zeigt sich allerdings, daß diese Auffassung von Gewissen nicht zu halten ist. Auch das Gewissen ist auf Gemeinschaft bezogen, braucht Belehrung und sogar Vorbilder und Autoritäten. Erst eine nähere Abklärung dieser Zusammenhänge kann auch deutlicher machen, inwieweit kirchliche Autorität in Fragen der Moral kompetent und für den Gläubigen verbindlich ist.

Gewissen und Gemeinschaft

Im deutschen Idealismus, in der Philosophie eines Kant oder Hegel, hat man mit großem Nachdruck die Unfehlbarkeit des Gewissens betont. Man war der Meinung, daß es keine höhere Instanz für das menschliche Handeln geben könne als das Gewissen, und daß jemand, der seinem Gewissen folgt, mit Unfehlbarkeit damit auch Gutes tue.

Diese Auffassung ist in gewissem Sinn richtig: Wenn man nach bestem Wissen und Gewissen handelt, handelt man verantwortungsbewußt, mit gutem Willen und damit auch sittlich gut. – Allerdings heißt das nicht notwendig, daß man dann auch objektiv richtig handelt. Man kann besten Wissens und Gewissens etwas tun, was sich nachher als falsch herausstellt. Das gute Gewissen garantiert nicht für die sachliche Richtigkeit des Handelns. Bezüglich dieser Richtigkeit ist der Mensch fehlbar und auf Rat und Korrektur von außen angewiesen. Wenn jemand deshalb wirklich verantwortungsbewußt handeln will, muß er bemüht sein, nicht allein seiner eigenen Einsicht zu vertrauen, sondern auch mit anderen zu sprechen, deren Auffassungen zu prüfen und zu berücksichtigen.

Dabei funktioniert die Gemeinschaft aber nicht nur als eine Art Korrektur, die zur eigenen Einsicht nachträglich noch dazukommen kann, sondern sehr viel grundsätzlicher. Man bedenke z. B., wie sich das Gewissen des Kindes bildet. Das Kind denkt ja nicht einfach nur nach oder wägt die Folgen seines Handelns ab, sondern es steht zunächst unter dem Eindruck von Mahnungen und Warnungen der Eltern und der verschiedenen Erzieher. Dem Kind wird gesagt, was es tun soll, und es weiß, daß es für sich unangenehme Folgen zu erwarten hat, wenn es sich nicht an den Willen seiner Erzieher hält. Weil das Kind aber mit seinen Eltern ein gutes Verhältnis sucht, befolgt es auch ihre Forderungen. Die Anweisungen der Eltern werden dann mehr und mehr internalisiert, d. h. in das Gewissen hineingenommen, sodaß dem Kind die Weisungen der Eltern auch dann als verpflichtend erscheinen, wenn die Eltern z. B. nicht gegenwärtig sind. Das Gewissen übernimmt also einfach die Handlungsanweisungen und Normen, die die Eltern, Erzieher und schließlich auch die übrige Umwelt an den jungen Menschen herantragen.

Wenn deshalb ein Mensch seine Umgebung grundlegend ändert, wenn er etwa in einen anderen Kulturkreis gerät, dann werden seine bisherigen Gewissensauffassungen allmählich schwanken und er paßt sich mehr und mehr den Auffassungen seiner neuen Umgebung an. Schon bei Touristen kann man beobachten, daß sie, besonders wenn sie einzeln reisen, in einer fremden Umgebung oft ihre bisherigen guten Manieren völlig vergessen und sich so benehmen, wie sie es daheim nie tun würden. Sie stehen eben nicht mehr unter der Kontrolle ihrer bisherigen Umgebung und finden deshalb nichts dahinter, verschiedene Normen ihres normalen Lebens zu übertreten. Natürlich werden sie gewisse Grundsätze in der Regel aufrechterhalten, aber die Erfahrung zeigt, daß es oft auch mit diesen Grundsätzen nicht sehr weit her ist.

Die Abhängigkeit des Gewissens von anderen Menschen bzw. Autoritäten zeigt in besonders beeindruckender Weise das „Milgram-Experiment". Der amerikanische Sozialpsychologe Stanley Milgram hat in einem Experiment gezeigt, daß durch eine vermeintlich wissenschaftliche Autorität weit mehr als die Hälfte der Durchschnittsbevölkerung dazu veranlaßt werden könnte, einen unschuldigen Menschen zu foltern oder gar zu töten[1]. – Das ist eine Erkenntnis, die auch die Erfahrung verständlich macht, die man mit verschiedenen Mitläufern und Parteiangehörigen in der Nazizeit gemacht hat. Unter dem Einfluß des Nationalsozialismus waren sie manchmal bereit, andere Menschen zu verfolgen und sogar zu töten. Als dann die schreckliche Ära zu Ende war, konnten sie u. U. wieder als ganz normale harmlose Bürger weiterleben. Der Einfluß der Umgebung hatte ihr Gewissen geändert.

Diese Hinweise können schon etwas deutlicher machen, welche Rolle die Kirche für das Gewissen spielt. Dabei soll mit Kirche nicht sofort der Papst oder römische Enzykliken gemeint sein, sondern wirklich die lebendige Gemeinschaft der Gläubigen. Diese Gemeinschaft beeinflußt ihre Mitglieder. Ein solcher gemeinschaftlicher Einfluß kann an sich gut oder schlimm sein. Es ist deshalb wichtig, sich zu fragen, von welcher Gemeinschaft man sich prägen lassen soll. Lebt die Gemeinschaft als Ganze aus einem christlichen Geist und kann sie deshalb dem einzelnen Hilfe und Ansporn in der Richtung sein, die der christliche Glaube weist?

Die Orientierung an einer Gemeinschaft verlangt wesentlich die Ausrichtung an Autoritäten. In jeder Gemeinschaft gibt es ja verschiedene Meinungen und Lebensweisen. Was also im Sinne einer Gemeinschaft ist, läßt sich oft nicht einfach von den einzelnen her in Erfahrung bringen, denn sie können sehr gegensätzliche Standpunkte vertreten. Dann braucht es Autoritäten, d. h. Menschen, die in einer von allen einigermaßen anerkannten Weise als Sprecher dieser Gemeinschaft gelten können. Welche politischen Ziele eine Partei verfolgt, können am besten führende Funktionäre sagen. Zwar wird manches Parteimitglied dann etwas anders denken, aber maßgeblich sind doch diese leitenden Autoritäten. Daneben wird man auch die Parteiprogramme heranziehen, die ja für die Meinung der Partei Gültigkeit haben. Man wird vielleicht auch frühere Repräsentanten, evtl. die Gründer der Partei, mitberücksichtigen, um zu einer entsprechenden Gewißheit zu kommen, was man vom Standpunkt dieser Partei zu halten hat.

So verschieden die Kirche von politischen Parteien ist, kann sie in unserem Zusammenhang doch mit ihnen verglichen werden. Wenn in der Kirche, was ja möglich ist, in verschiedenen Fragen keine einhellige Meinung vertreten wird, dann genügt es nicht mehr, einen einzelnen Christen zu Rate zu ziehen, sondern man wird sich an Autoritäten wenden, zuerst vielleicht an Seelsorger, Theologen, Bischöfe, schließlich an den Papst und das Konzil. Nur ist gerade bei der Kirche auch zu bedenken, daß keine lebende Autorität den Geist des Christentums ungeschmälert lebt und darstellen kann. Deshalb ist neben der Bereitschaft, das Wort solcher Autoritäten zu respektieren, immer auch ein gewisses Maß an Kritikfähigkeit zu wünschen, damit nicht Antworten verabsolutiert werden, die nur bedingt richtig oder vielleicht auch falsch sind. Freilich genügt es dabei nicht, von der lebenden Kirche abzusehen und ausschließlich auf die Bibel zurückzugreifen. Der Christ wird ja von der lebenden Kirche in seinen Anschauungen stark geprägt und denkt oft spontan einfach das, was er im Raum der Kirche aufgenommen hat. Wenn man über die Erlaubtheit von Retortenbefruchtung, Mietmutterschaft oder auch Euthanasie in der Bibel nachschlägt, wird man auf diese Fragen jedenfalls keine direkte Antwort finden. Die Bibel kann weder die lebendige kirchliche Gemeinschaft noch ihre obersten Autoritäten, nämlich das Konzil und den Papst, ersetzen. Ebensowenig können diese aber das normale Lehramt der Bischöfe und Seelsorger ersetzen. Alle diese Instanzen haben ihr eigenes Gewicht. Die oberste Autorität soll und kann nicht zu jeder konkreten Einzelfrage eine für alle verbindliche Antwort geben. Die niedrigeren Autoritäten sind oft besser in der Lage, eine konkrete Situation zu berücksichtigen und aus einer genaueren Sachkenntnis des Problems heraus auch die richtige Antwort zu finden. Ob z. B. ein großes Wasserkraftwerk an einer bestimmten Stelle ökologisch zu verantworten ist, ob man aus wirtschaftlichen Gründen Arbeiter in einem Industrieunternehmen entlassen darf, ob man eine medizinische Maßnahme, etwa eine riskante Operation, im Einzelfall verantworten kann, das sind Fragen, die zunächst an Ort und Stelle von denen zu entscheiden sind, die unmittelbar damit konfrontiert sind. Deshalb kann man auch die Probleme, die sich durch eine gewisse Vielfalt der Meinungen in der Kirche ergeben, nicht einfach dadurch lösen, daß man nur den Papst als verbindliche Instanz gelten läßt.

Grenzen der Unfehlbarkeit

Es ist nun aber nicht nur zu fragen, an wem sich das Gewissen zu orientieren hat, sondern auch, in welchem Maß diese Autoritäten und Kriterien verbindlich sind. Daß die Kompetenz kirchlicher Amtsträger Grenzen hat, zeigt bereits ein flüchtiger Blick in die Geschichte. Schon in der Bibel finden sich in Fragen der Moral Aussagen verschiedener Qualität und Treffsicherheit. Dabei sei hier einmal vom Alten Testament ganz abgesehen. Im Neuen Testament findet man Sätze, die sicher Geltung haben werden, solange es Christentum gibt. Dazu gehört etwa das Gebot: „Liebet einander, wie ich euch geliebt habe!" (Joh 15,12b). Ähnliches gilt für die Forderungen der Vergebung, der Treue usw. – Wo eine ethische Einsicht in einem unmittelbaren Zusammenhang mit einer zentralen Glaubenswahrheit steht, dort ist der ethische Satz unfehlbar und unaufgebbar. Er ist durch das Glaubensgeheimnis garantiert.

Es gibt im Neuen Testament aber auch sehr wandelbare Aussagen. Das beginnt schon mit dem Ergebnis des ersten Konzils der Kirche, des Apostelkonzils (Apg 15,28f.): „Denn der Heilige Geist und wir haben beschlossen, euch keine weitere Last aufzuerlegen als diese notwendigen Dinge: Götzenopfer, Fleisch, Blut, Ersticktes und Unzucht zu meiden. Wenn ihr euch davor hütet, handelt ihr richtig."

Hier fällt zunächst auf, daß sich die Apostel ausdrücklich auf den Hl. Geist berufen. Man könnte meinen, daß sie dabei sicher eine Kompetenz haben, wie sie in späteren Zeiten den feierlichen Konzilien zukommt. Müßte dann eine solche Anordnung nicht unfehlbar und überzeitlich gültig sein? Tatsächlich zeigen aber bereits die Paulus-Briefe, daß diese Forderungen des Apostelkonzils nicht gehalten wurden und auch nicht mehr als verbindlich galten.

Ähnlich steht es mit manchen Äußerungen des Apostels Paulus etwa über die Haartracht der Männer und Frauen (1 Kor 11,3–16). Die Männer sollen ihre Haare kurz tragen, die Frauen sollen sie lang wachsen lassen. Oder man denke an manche Anordnungen, die Paulus in bezug auf die Frauen gibt, z. B. wenn er ihnen verbietet, in der Kirche zu lehren (1 Kor 14,34). Solche Forderungen sind offenbar zeitbedingt, wandelbar und vielleicht von Anfang an nicht unbedingt glücklich gewesen. Man sieht aber an diesen Texten nicht ohne weiteres, daß sich die Verfasser der Relativität solcher Aussagen bewußt gewesen wären.

Man kann nun von vorneherein nicht vermuten, daß das kirchliche Lehramt unfehlbarer ist als die Bibel. Vielmehr zeigt sich im Laufe der Geschichte des Christentums der gleiche Befund: Es gibt Aussagen wie das Gebot der Liebe, die durchaus als Dogma verkündet werden könnten. Zu den Forderungen der Nächstenliebe, der Verzeihung usw. mag hier auch noch die Unauflöslichkeit der Ehe gerechnet werden. Allerdings zeigt dieses letzte Beispiel besonders deutlich,

was sich aber auch bei den anderen nachweisen läßt, daß zwar die abstrakte und generelle Forderung unwandelbar und für das Christentum unaufgebbar ist, daß aber solche Weisungen umso unklarer werden, je konkreter man sie anwenden will. Es gibt nun aber zahlreiche Beispiele für Weisungen in der Geschichte der Kirche, die sich im Lauf der Zeit als nicht mehr haltbar erwiesen[2]. Da ist z. B. die Frage des Zinsnehmens. Im AT durften die Juden nur von Nichtjuden Zins verlangen, unter den eigenen Volksgenossen galt Zinsnehmen als Wucher und war verboten (Ps 14,5; Ez 18,7ff; Lk 6,34). Die nachbiblische Kirche hielt am Zinsverbot fest (vgl. Synode von Arles 314, I. Konzil von Nikaia 325). Den Klerikern waren Zinsgeschäfte unter der Strafe der Exkommunikation verboten. Im Anschluß daran wurde in der Karolingerzeit das Zinsverbot zum allgemeinen Gesetz gemacht und auch für Laien unter die Strafe der Exkommunikation gestellt. Noch das V. Laterankonzil (1517) erneuerte die kirchlichen Zinsverbote. Die Reformatoren schlossen sich dieser Auffassung an und der Calvinismus hielt bis zur Mitte des 17. Jahrhunderts daran fest. Wenn man bedenkt, daß die Strafe der Exkommunikation nur bei Vergehen angedroht wurde, die eine schwere Sünde darstellten, dann muß man mindestens sagen, daß hier das kirchliche Lehramt im Laufe der Zeit, als es schließlich das Zinsnehmen freigab, eine einschneidende Wendung vollzog. Man kann diese Lehrentwicklung auch nicht einfach dadurch erklären, daß sich eben die äußeren Verhältnisse entsprechend geändert hätten und daß die Kirche sich diesem Wandel angepaßt hätte. Dieser Gedanke mag für manche Zeiträume zutreffen, etwa für die Situation einer nomadischen Kultur im AT, aber längst nicht mehr für das Mittelalter, in dem man sich dann ja in großem Ausmaß damit behalf, daß die nötigen Geldgeschäfte von Nichtchristen, besonders von Juden, besorgt wurden.
Oder man denke an das Thema Religionsfreiheit. Die traditionelle Auffassung der Kirche, die auch noch in einem Entwurf für das II. Vatikanische Konzil formuliert wurde, war folgende: Da die nichtchristlichen Religionen von der Wahrheit

abweichen und deshalb ein Übel sind, da sie zudem Gelegenheit zu Abfall und Irrlehre bieten, sind sie negativ zu bewerten und können keine Religionsfreiheit für sich in Anspruch nehmen. Das gilt insbesondere, wenn der Staat mehrheitlich katholisch ist. Dann muß er sich zum Verteidiger der Wahrheit machen und den Irrtum, d. h. die anderen Konfessionen und Religionen möglichst einschränken. Wenn hingegen die Mehrheit in einem Staat nicht katholisch ist, dann muß er sich am Naturrecht orientieren, darf die Wahrheit nicht behindern, muß also dem katholischen Glauben Freiheit einräumen. Diese Auffassung entsprach einem oft vertretenen Verständnis von Wahrheit und Recht. Besonders Pius IX. hatte in seinem Syllabus von 1864 entgegenstehende Auffassungen verurteilt. Im II. Vaticanum gab es in dieser Frage eine lebhafte Auseinandersetzung, bei der sich besonders die Bischöfe aus den USA hervortaten. So wurde dann ein Schema verabschiedet, das eine völlig andere, neuartige Tendenz zeigte. Es wurde ein Recht der menschlichen Person und menschlichen Gemeinschaft auf Religionsfreiheit verkündet. Auch hier zeigt sich eine erstaunliche Wendung in einer kirchlichen Lehre.

Diese Beispiele ließen sich vermehren. Man denke etwa an die positive Einstellung der Kirche zu Sklaverei und Zwangsarbeit, zur Kastration von Sängerknaben und zur Verbrennung von Ketzern und Hexen usw.

Wenn man solche Beispiele anschaut, muß man nachdenklich werden. Wie ist es möglich, daß die katholische Kirche oft über viele Jahrhunderte weg einen bestimmten Standpunkt der Moral vertreten hat, die Menschen unter schwerer Sünde auf ihre Meinung verpflichtet hat, und schließlich davon abgehen mußte?

Solche Befunde lassen sich nur dann sinnvoll mit dem Selbstverständnis der katholischen Kirche und ihres Lehramtes vereinbaren, wenn man unterscheidet zwischen Moralsätzen, die sich unmittelbar aus Glaubenswahrheiten ergeben, die deshalb von der Kirche mit Unfehlbarkeit vertreten werden können, und anderen Moralsätzen, in denen es sich um eine Anwendung christlicher Grundprinzipien auf Bereiche der

Wirtschaft, der Politik oder auch der Medizin handelt. Wenn z. B. die Kirche eine bestimmte Auffassung in Fragen der Wirtschaftsethik vertritt, dann ist ganz klar, daß es sich hier nicht um eine dogmatisierbare Lehre handeln kann, sondern daß die Kirche in dieser Materie darauf angewiesen ist, richtige Informationen über wirtschaftliche Zusammenhänge zu haben und bestimmte Bedingungen und Mentalitäten voraussetzen zu können. Wenn der Papst in solchen Angelegenheiten irrige Informationen bekäme, dann würden wahrscheinlich auch die ethischen Folgerungen falsch sein, die er daraus zöge. Er muß sich hier auf empirische Wissenschaften, auf Erfahrungsinformationen stützen und hat dabei nie eine Garantie, daß kein Irrtum unterläuft. Daß das Liebesgebot verpflichtet, wird die Kirche für alle Zeit festhalten. Ob man aber z. B. für ein bestimmtes Mitbestimmungsmodell sein soll oder nicht, darüber wird die Kirche solche ewig gültigen Äußerungen nie machen können.

Die Aussage des I. Vaticanums, daß das oberste Lehramt der Kirche in Fragen des Glaubens und der Sitte Unfehlbarkeit beanspruchen könne, läßt im unklaren, was unter Sitte wirklich verstanden werden kann[3]. Die Tatsache, daß es im Bereich der Moral, abgesehen von der Frage der Unauflöslichkeit der Ehe, in der ganzen Geschichte der Kirche keine Dogmen gegeben hat, schon gar nicht in konkreten Einzelfragen, weist ebenfalls darauf hin, daß es hier Grenzen der kirchlichen Lehrkompetenz gibt.

Die Kompetenz des kirchlichen Lehramtes

Man kann die Unfehlbarkeit der Kirche in Fragen der Moral in Analogie zur Unfehlbarkeit des Gewissens sehen. Das Gewissen offenbart den Willen Gottes in dem Sinn, daß man mit Unfehlbarkeit sittlich gut handelt, wenn man dem Urteil des Gewissens folgt. Denn dadurch entspricht man seinem Verantwortungsbewußtsein. Man verwirklicht dadurch seinen guten Willen und insofern auch das, worum es in der

Nächstenliebe geht. – Gleichzeitig kann sich aber das Gewissen bezüglich der Inhalte und der konkreten Form des Handelns durchaus irren. Man kann auch dann, wenn man den andern liebt und ihm helfen will, etwas objektiv Falsches tun, obwohl man es gut meint. Dann wird man aber im strengen Sinn nicht schuldig; man handelt sittlich gut, wenn auch sachlich falsch.

Analog dazu kann man nun die Kompetenz der Kirche deuten: Die zentrale Aussage der kirchlichen Moralverkündigung ist im Sinne der Hl. Schrift die Verkündigung des Liebesgebotes (Röm 13,8). Darin kann sich die Kirche nicht irren. Aber wenn sie nun versucht, dieses Gebot für einzelne Lebenssituationen inhaltlich genauer zu bestimmen, wenn sie also genauer zu sagen versucht, auf welche Weise man dem Liebesgebot und der Verantwortung gegenüber dem Nächsten entsprechen kann, dann ist die Kirche ebenso des Irrtums fähig wie das Gewissen bezüglich der konkreten Inhalte. Denn in diesen inhaltlichen Fragen ist auch die kirchliche Verkündigung ganz auf die profane Erfahrung angewiesen. Hier stützt sich auch der Papst auf Experten, die er befragen kann, die ihrerseits aber natürlich fehlbar sind.

Die Kirche verkündet das Liebesgebot aber nicht nur abstrakt, sondern in Bezugnahme auf Jesus Christus. In seinem Leben und Wort ist unüberbietbar deutlich geworden, wie Gott zum Menschen steht und wie er ihn liebt. Diese Liebe Gottes begründet auch den Anspruch auf Gegenliebe. Weil Gott den Menschen geliebt hat, schuldet der Mensch Gott seine Gegenliebe. Das Liebesgebot ist deshalb nicht ablösbar von Jesus Christus und von den andern großen Zeugen der Liebe Gottes in der Geschichte. Evangelium und Ethos gehören zusammen. Der Christ muß immer wieder vernehmen, was Gott für ihn getan hat, um sich seiner eigenen Verantwortung bewußt zu werden. Dabei schränkt sich das Tun Gottes aber nicht nur auf Jesus Christus und nicht nur auf die Geschichte des Christentums ein, sondern seine Liebe zeigt sich auch im Alten Testament und schließlich sogar in den nichtchristlichen Religionen und in der Geschichte der gesamten Menschheit. Allerdings kommt in Christus und der Kirche das Wort Gottes in besonders dichter Weise zum Ausdruck. Es ist eine entscheidende Aufgabe des Lehramtes, diese Botschaft unverkürzt zu verkünden und deutlich zu machen, daß sich daraus auch ein Anspruch an den Menschen ergibt, Christus nachzufolgen bzw. den Geist Gottes und Jesu Christi auch in seinem Leben wirksam werden zu lassen.

Das sind nicht bloß fromme, aber bedeutungslose Überlegungen, sondern Gedanken, die auch für die konkrete Gestaltung der Moral starke Auswirkungen haben. Denn in der konkreten Konfrontation mit der Geschichte Gottes mit den Menschen entwickelt der Mensch die Fähigkeit, die Geister des Guten und des Bösen voneinander zu unterscheiden und christliche Werthaltungen zu entwickeln.

Das christliche Lehramt bewahrt damit nicht nur den Glaubensgrund, auf den sich die christliche Moral beziehen muß, sondern es vermittelt auch den eschatologischen Horizont christlicher Existenz. Die Hoffnung auf Heil, wie sie in Tod und Auferstehung Jesu Christi gründet und dem Christentum eigen ist, hat insofern bedeutende Auswirkungen auf die Moral, als von da her erst die Würde des Menschen voll deutlich wird. Der Mensch erweist sich nicht nur als Eintagsfliege, die vergeht, ohne eine Spur zu hinterlassen, sondern als der von Gott Geliebte und Berufene, der der Zeit und der Ewigkeit zugehört. Daraus ergeben sich Folgerungen für die menschliche Freiheit und Selbstbestimmung sowie die Grundwerte und Grundrechte des Menschen.

Es ist also vor allem Aufgabe des kirchlichen Lehramtes, die Dimension des Glaubens in ihrer Bedeutung für die Moral wachzuhalten. Dabei geht es nicht unmittelbar um Normen, sondern um Grundwerte und Grundhaltungen, die sich dann freilich auch auf Normen auswirken.

Darüber hinaus hat das kirchliche Lehramt auch die Aufgabe, die Einheit der Kirche bis in die Fragen der Moral hinein zu wahren. Natürlich wird es in der Kirche immer auch eine berechtigte Pluralität geben. Die verschiedenen Völkerschaften und Kulturen werden auch in Fragen der konkreten Moral

gewisse Eigenheiten entwickeln. Die Kirche muß aber dort auf Einheit drängen, wo in kulturellen Eigenheiten wesentliche christliche Grundwerte in Frage gestellt werden. – Dieser Dienst an der Einheit erfordert auch das Aufrechterhalten eines ständigen Dialogs zwischen den verschiedenen Positionen. Die Kirche soll ja nicht nur ein Nebeneinander verschiedener Meinungen darstellen, sondern die Verschiedenheit soll sich befruchten und doch letztlich ein Zeugnis des Friedens und der Einheit ermöglichen. Von seiten der Gläubigen verlangt das, daß Äußerungen des kirchlichen Lehramtes in Fragen der Moral ernstgenommen werden und daß man sich bemüht, sie anzunehmen, soweit das guten Wissens und Gewissens möglich ist. Der Gläubige hat sein Gewissen auch immer wieder an der kirchlichen Lehrtradition zu bilden, ohne daß das freilich etwa aus zwingender Einsicht in sachliche Zusammenhänge eine eigene Meinungsbildung völlig ausschließt.
Freilich wird es nicht immer leicht sein, auf der einen Seite echte Loyalität gegenüber der Kirche und ihrem Lehramt zu bezeugen und auf der anderen Seite in einer konkreten Frage diesem Lehramt vielleicht nicht folgen zu können. Man soll dann nicht mutwillig den kirchlichen Standpunkt verachten und in Mißkredit bringen. Aber es kann auch sein, daß die Erkenntnis, die jemand für sich gewonnen hat, abweichend vielleicht von einer kirchlichen Auffassung, für andere eine Hilfe sein kann, die hier ebenfalls in Schwierigkeiten sind. Es wird auch nicht immer ausreichen, aus Loyalität zur Kirche nur zu schweigen, wenn man selbst zu einer abweichenden Überzeugung gekommen ist, sondern es muß die Möglichkeit geben, daß man im Austausch der Erfahrungen, die man gemacht hat, und im Austausch der persönlichen Überzeugungen, zu denen man gelangt ist, schließlich auch in der Gemeinschaft der Kirche zu einer neuen Auffassung kommt. Es wäre wünschenswert gewesen, wenn manche Irrtümer, die im Lauf der Kirchengeschichte nachdrücklich festgehalten wurden, durch eine etwas kritischere Haltung einzelner, früher hätten überwunden werden können. Auch ein Austausch

kritischer Meinungen kann ein Zeugnis der Wahrheitsliebe und Wahrheitssuche in der Kirche darstellen. Es kann der Kirche ja nicht nur darum gehen, um jeden Preis darauf zu pochen, daß sie immer die Wahrheit vertreten habe, sondern es geht nicht zuletzt darum, alle Kräfte in den Dienst der Kirche zu stellen, damit sie der Wahrheit immer näher kommt.

Anmerkungen

1 Milgram, Stanley, Das Milgram-Experiment. Zur Gehorsamsbereitschaft gegenüber Autorität. Reinbek b. Hamburg 1974.

2 Vgl. Knoll, August M., Katholische Kirche und scholastisches Naturrecht. Zur Frage der Freiheit. Wien 1962.

3 Vgl. Riedl, Alfons, Die kirchliche Lehrautorität in Fragen der Moral nach den Aussagen des Ersten Vatikanischen Konzils. Freiburger Theologische Studien. Freiburg i. Br. 1979. Vgl. Schlögel, Herbert, Kirche und sittliches Handeln. Zur Ekklesiologie in der Grundlagendiskussion der deutschsprachigen katholischen Moraltheologie seit der Jahrhundertwende. Walberger Studien Bd. 11. Mainz 1981.

Der Wert des Lebens

Ein altes lateinisches Sprichwort sagt: „Homo homini lupus“ – Der Mensch ist dem Menschen ein Wolf. Während im Tierreich fast jede Art einen natürlichen Feind hat, der sie bedroht und ihre Vermehrung in Schranken hält, ist der Mensch sich selbst der Feind, der Schrecken und Tod bringt. Das gilt nicht nur für die großen Kriege, das gilt nicht nur in Staaten, die von Terror und Revolution erschüttert sind, das gilt auch für unsere Zeit und unser Land. Man schätzt, daß vielerorts heute etwa 30 bis 50 Prozent der Schwangerschaften abgebrochen werden, und wir lesen bereits davon, daß in den Niederlanden die Euthanasie, die ja in der Praxis immer mehr vollzogen wird, in einem bestimmten Rahmen auch gesetzlich anerkannt werden soll.

Diese Erscheinungen mögen weniger auffällig sein als das, was etwa in den letzten Kriegen geschehen ist. Aber sie müssen uns erschrecken, weil sie eine Einstellung sichtbar werden lassen, in der der Wert menschlichen Lebens und damit die Basis des abendländischen Humanismus grundsätzlich in Frage gestellt wird.

Es geht für einen nachdenklichen Menschen in einer solchen Situation nicht mehr nur darum, konkrete Normübertretungen im einzelnen zu reflektieren, sondern man muß sich sehr viel grundlegender mit diesem Thema auseinandersetzen. Welchen Wert hat eigentlich menschliches Leben? Was sind die Grenzen dieses Wertes? Welche Folgerungen sind aus diesen Reflexionen zu ziehen?

Die Begründung des Wertes des menschlichen Lebens

Man kann den Wert menschlichen Lebens auf verschiedene Weise begründen. Das ist nicht zuletzt auch eine Frage der jeweiligen theologischen Anthropologie[1]. Man kennt Kulturen, in denen aus den verschiedensten, teilweise geringfügigen Gründen Kinder getötet werden, z. B. eines von zwei Zwillingen. In vielen Kulturen, auch bei Griechen, Kelten, Germanen usw. hat es die Witwenverbrennung gegeben, die in Indien teilweise bis heute erhalten ist. Oder man denke an die Kamikaze-Flieger Japans, die freiwillig ihr eigenes Leben opferten, um dem Feind militärische Verluste zuzufügen. Man kennt Völker, die die Angehörigen fremder Stämme für vogelfrei halten. Unser Jahrhundert hat noch den Nationalsozialismus erlebt, in dem Menschen nicht nur wegen Widerstands gegen das Regime, sondern auch wegen Zugehörigkeit zu einer anderen Rasse getötet wurden.

So schlimm die Mißachtung menschlichen Lebens auch in der abendländischen Geschichte oft gewesen ist, so hat sich doch unter dem Einfluß des Christentums ein Humanismus herausgebildet, der dem menschlichen Leben einen außerordentlich hohen Wert beimißt und daraus auch entsprechende ethische Normen ableitet.

In dieser christlich-humanistischen Tradition läßt sich der Wert des Lebens etwa durch folgende Überlegungen begründen:

a) Der Mensch ist als einziges Lebewesen in der Lage, über sich selbst nachzudenken, über sich zu verfügen und sein eigenes Leben selbst zu bestimmen. Diese Fähigkeit des Menschen macht auch seine Würde aus. Es ist deshalb nicht zulässig, über einen anderen Menschen einfach wie eine Sache zu verfügen und ihn als Mittel für irgendwelche fremden Ziele zu gebrauchen. Er selbst hat das Recht, über sich zu entscheiden.

Wenn man etwa eine Behindertenanstalt besucht, dann kann man finden, daß die Behinderten im Durchschnitt deutlich zufriedener sind als die übrige Bevölkerung. Auch die Behinderten sagen ja zu ihrem Leben, und niemand hat das Recht, ihnen dieses Gut streitig zu machen. Ein solches Recht besteht auch nicht gegenüber dem werdenden Leben, selbst wenn es sich bei einer Untersuchung als voraussichtlich behindert erweist. Die Würde der menschlichen Existenz liegt wesent-

lich darin, daß der Mensch in Freiheit sich selbst bestimmen kann und niemand einfach über ihn verfügen darf.
Allerdings erhebt sich hier noch ein gewichtiger Einwand: Die Freiheit und Selbstbestimmung des Menschen ist ja nicht unbegrenzt. Man kann jemanden von außen manipulieren, ohne daß er das ganz durchschaut. Das geschieht ständig in der Werbung, in der Meinungsbildung durch die Medien oder auch dadurch, daß man für ein bestimmtes Verhalten Belohnung erwarten kann und für ein anderes Bestrafung. Diese Abhängigkeit des freien Willens von der Umgebung geht sogar so weit, daß ein Mensch u. U., weil sich niemand um ihn kümmert, und er nur Einsamkeit und Ablehnung erfährt, gar keinen Sinn mehr in seinem Weiterleben sehen kann und so den Tod sucht. Eine solche Entscheidung ist frei und doch auch unfrei.
Man wird also die menschliche Freiheit nicht in jeder Hinsicht als die Begründung der Menschenwürde und des Wertes menschlicher Existenz betrachten können. Das wird letztlich nur dann möglich sein, wenn der Mensch etwas nicht unter dem Druck und Zwang seiner Umgebung anstrebt, sondern wenn er etwas will, weil er darin wirklich seine tiefste Erfüllung findet. Nicht jedes menschliche Wollen entspricht der Menschenwürde und begründet sie, sondern nur ein bestimmtes Wollen, in dem der Mensch tatsächlich seine Verwirklichung und Sinnerfüllung findet.

b) Weiters ist folgendes zu bedenken: Der Mensch erfährt seinen Wert besonders dann, wenn er sich geliebt fühlt. Wenn man weiß, daß man anderen lieb und teuer ist, dann ist man auch selbst vom Sinn und Wert seines Daseins überzeugt. Liebe läßt den eigenen Wert erfahren.
Wenn nun ein Mensch solche Zuwendung kaum erhält, dann kann sein, daß er in Isolation und Verzweiflung gerät und versucht ist, sein Leben zu beenden. Eine solche Krise kann dann entweder tatsächlich zu einer Selbsttötung führen oder sie kann dadurch überwunden werden, daß andere Menschen sich um diesen Vereinsamten mehr annehmen. – Man weiß

z. B., daß Menschen, die nach Euthanasie verlangen, die also darum bitten, daß man sie tötet, fast ausschließlich keinen wirklichen Todeswunsch haben, sondern mehr Hilfe zum Leben wollen. Wenn man ihnen diese Aufmerksamkeit und Zuwendung schenkt, dann finden sie wieder Mut zum Leben und Sinn in ihrer Existenz.
Der Wert des menschlichen Lebens bemißt sich also nicht einfach an Gesundheit und Wohlstand, sondern hat eine viel tiefere Begründung. Dieser Wert wird umsomehr erfahren, je mehr jemandem Liebe, Anhänglichkeit, Treue und Hochschätzung entgegengebracht werden.
Aber auch hier erhebt sich wieder ein wichtiger Einwand. Hängt der Wert des menschlichen Lebens nur davon ab, wie weit jemand Zuwendung und Liebe erfährt? Ist ein Leben, in dem diese Erfahrungen selten sind und weithin fehlen, sinnlos und wertlos? Selbstverständlich kommt es beim Wert des Menschen nicht einfach darauf an, ob er im Augenblick geliebt wird oder nicht, sondern darauf, ob er liebenswert ist. Das aber ist eine Frage, die sich nicht mehr einfach durch empirische Untersuchungen feststellen läßt, sondern eine Frage der Entscheidung und eine Frage letztlich des Glaubens. Wenn jemand die Menschen verachtet und haßt, dann kann man ihn nicht durch Erfahrungsargumente dazu zwingen, sie zu lieben. Ob er dann darauf eingeht, ist eben nicht mehr eine Frage des Argumentierens, sondern einer freien Stellungnahme, die mit Glaube zu tun hat.

c) Die tiefste Begründung für den Wert des menschlichen Lebens liegt für den Christen im Glauben an Gott und an die Berufung zum ewigen Leben. Der Christ glaubt daran, daß Gott ihn liebt, daß er also für Gott wichtig ist. Er glaubt daran, daß er nicht wie eine Eintagsfliege vergeht, sondern zu einem ewigen Leben berufen ist. Der Wert des menschlichen Lebens erschöpft sich also nicht in der Fähigkeit, das Leben zu genießen und materiell etwas zu leisten, sondern er gründet im tiefsten in der Beziehung, die der Mensch zu Gott hat.
Vielleicht ist jemand der Meinung, daß eine solche Begrün-

dung in der heutigen säkularen Welt nicht mehr vorgebracht werden kann. Man muß sich aber doch entscheiden, ob man den Menschen letztlich materialistisch verstehen will als eine bloße biologische Maschine, oder ob man an eine tiefere Bestimmung glaubt. Man muß sich auch klar werden, daß ein bloß materialistisches Menschenbild für die Einschätzung des Wertes der menschlichen Existenz verhängnisvolle Folgen haben muß. Wenn der Mensch bloß materialistisch zu verstehen ist, wenn er sich im irdischen Dasein erschöpft, dann ist der Wert eines solchen Menschen gering, ganz besonders dann, wenn er seine Leistungsfähigkeit und die Fähigkeit, das Leben zu genießen, bereits verloren hat. Es mag sein, daß sehr viele Menschen heute nicht mehr ausdrücklich an Gott und Ewigkeit glauben. Die meisten leben aber noch aus einer christlichen Tradition, die sie das Leben achten läßt. Meist ist ihnen auch noch völlig unklar, was herauskäme, wenn sie in ihrem Materialismus wirklich konsequent wären. Ein materialistisches Menschenbild ist immer in Gefahr, zu dem auszuarten, was man in der Geschichte des Nationalsozialismus oder auch des Kommunismus etwa unter Stalin erlebt hat.

Grenzen im Wert des menschlichen Lebens

Die höchste Würde des Menschen tritt dort vor Augen, wo man seine Beziehung zum absolut Heiligen, nämlich zu Gott, reflektiert. In der Tatsache, daß der Mensch durch die Gnade am göttlichen Leben teilhat, gründet sein tiefster Wert. Dennoch darf man auch aus dieser Glaubenssicht heraus den Wert des Menschen nicht schlechthin verabsolutieren.

Zunächst zeigen sich Grenzen in diesem Wert des Lebens einfach insofern, als der Mensch sterblich ist. Sein Leben wird einmal ein Ende nehmen. Es kann auch nicht darum gehen, das Leben des Menschen unter allen Umständen verlängern zu wollen. Die Moraltheologie warnt deshalb heute immer wieder vor der Unmenschlichkeit, die sich gelegentlich in der modernen Intensivmedizin zeigt, wenn Sterbende mit allen

Mitteln am Leben erhalten oder sogar immer wieder ins Leben zurückgerufen werden. Das erscheint jedenfalls dann unmenschlich, wenn man auf diese Weise dem Patienten das Sterben nur schwerer macht, weil man ihn allen möglichen technischen Prozeduren unterwirft und in eine Situation bringt, in der er sich nicht in Ruhe und Frieden auf den Tod vorbereiten kann.

Ein ähnlicher Gedanke betrifft die Sterblichkeit des Embryos in der ersten Lebensphase. Man weiß, daß bei der natürlich erfolgenden Befruchtung bis zur Einnistung ein erheblicher Teil der Embryonen verlorengeht. Insbesondere scheint sich die Natur gegen kranke oder irgendwie defekte Embryonen zu schützen.

Zwar ist davon auszugehen, daß vom Augenblick der Befruchtung an menschliches Leben besteht. Aber wenn die Natur auf diese Weise vorgeht, dann kann auch der Mensch nicht verpflichtet sein, ein derartiges Absterben von Embryonen zu verhindern. Kann man dann auch den unvermeidlichen Verlust von Embryonen etwa bei einer Retortenbefruchtung, solange es sich nicht um eine absichtliche Tötung handelt, als Einwand gegen diese Technik vorbringen?

Anders ist aber nun ein zweiter Bereich zu beurteilen, in dem es nicht nur um die natürliche Sterblichkeit des menschlichen Lebens geht, sondern um das bewußte Töten. Es ist ein großer Unterschied, ob menschliches Leben von sich aus stirbt oder von einem anderen Menschen getötet wird. Es ist ein Unterschied, ob einem Mann, der an einem Haus entlanggeht, bei einem Sturm ein Dachziegel auf den Kopf fällt oder ob ihm dieser Dachziegel ganz bewußt von jemandem an den Kopf geworfen wird, der ihn umbringen will. Das erste Mal ist es ein Unfall, das zweite Mal ist es ein Mord. Zwar mag sein, daß das Ergebnis für den Betroffenen in beiden Fällen das gleiche ist, wenn er nämlich tatsächlich getötet wird. Aber sozial gesprochen ist da ein großer Unterschied. Mord bedeutet, daß ein Mensch einem anderen das Leben nimmt, daß man sich also nicht mehr aufeinander verlassen kann, daß man einander nicht mehr vertrauen kann. Der Mörder zeigt eine innere Einstellung zum anderen Menschen, die das extreme Gegenteil von Liebe und Wohlwollen ist. Diese Einstellung ist das eigentliche sittliche Problem.

Konkret geht es nun darum, wieweit der Mensch über menschliches Leben verfügen, wieweit er es freiwillig beenden darf.

Einen gewissen Einfluß auf den Zeitpunkt seines Todes wird der Mensch wohl immer haben, auch ohne daß er es ausdrücklich will[2]. Man denke etwa an das Phänomen des „Vagus-Todes". Einen solchen durch die Nerven bedingten Tod kann z. B. eine Gazelle sterben, wenn sie von einem Geparden verfolgt wird, oder eine Maus, die in einem Glasbehälter gefangen ist, wenn man ihr eine bloße Katzenattrappe zeigt. Auch beim Menschen kann es eine solche Reaktion geben, wenn er z. B. auf ein tabuisiertes Tier tritt und nach der Auffassung der betreffenden Kultur des festen Glaubens ist, daß er nun sterben müsse.

Häufiger ist aber die Erscheinung, daß ein Schwerkranker aus irgendwelchen Gründen keinen Lebenswillen mehr hat und dann stirbt, während ein anderer in der gleich schweren Krankheit mit einem starken Lebenswillen überlebt. Es gibt ja auch Fälle, in denen ein Schwerkranker sich z. B. weigert, zu essen oder ein für ihn lebensnotwendiges Medikament zu nehmen. In all diesen Fällen nimmt der Mensch Einfluß auf den Zeitpunkt seines Todes, ohne daß man das gleich als Selbstmord bezeichnen kann.

Anders liegen die Fälle, in denen ein Mensch bewußt den Tod sucht, um z. B. das Leben von Mitmenschen zu retten. Erwähnt sei die Südpolexpedition von Kapitän Scott im März 1912, bei der der Rittmeister L. J. E. Oates mit abfrierenden Zehen kaum mehr weitergehen konnte und seinen Kollegen zur ernsthaften Gefahr wurde. Er entfernte sich schließlich freiwillig von der Gruppe, um allein im Polarorkan umzukommen und dadurch den anderen eine schnellere Fortbewegung und vielleicht die Rettung zu ermöglichen. Das ist einer der Fälle, in denen sich ein Mensch aus guten Gründen und wohl auch ethisch legitim für seinen eigenen Tod entscheidet.

Bei der ethischen Beurteilung ist ausschlaggebend, ob der Betreffende aus Verzweiflung am Sinn des Lebens handelt, aus Mangel an Hoffnung auf Gott und die Ewigkeit, aus einem Mangel an Liebe zu den anderen, oder ob er es tut aus Verantwortungsbewußtsein und eben gerade aus Nächstenliebe. Natürlich ist hier die Gefahr einer Selbsttäuschung äußerst groß. Man kann sich leicht einreden, etwas aus Liebe zu einem anderen zu tun, was in Wirklichkeit aus Verzweiflung oder einem rein ichbezogenen Motiv erwächst.

Es gibt auch Grenzfälle, die objektiv vielleicht fragwürdig sind, subjektiv aber aus bester Absicht geschehen. Man erinnere sich an die Selbstverbrennung des Jan Palach, der mit seiner Tat ein Zeichen setzen wollte und tatsächlich die Weltöffentlichkeit auf sein politisches Anliegen aufmerksam gemacht hat. Dabei bleibt freilich offen, ob nicht auf Dauer der Verzicht auf eine solche Tat und ein ständiges Bemühen in der Unterstützung in Not befindlicher Menschen mehr gebracht hätte. Das ist schwer zu entscheiden, und man wird jedenfalls Palach eine heroische ethische Haltung bescheinigen können. – Anderseits fragt sich, ob solche Handlungen nicht Schule machen könnten und zu einer nicht gerechtfertigten Erpressung des Staates und ähnlichen Zielen eingesetzt werden könnten.

Es gibt eine Vielzahl von Möglichkeiten, sich über die eigene Motivation und ihren sittlichen Charakter zu täuschen. Schon deshalb bedarf es in den wichtigen Fragen um das Leben bestimmter Normen, an denen sich der einzelne orientieren und an denen er sein Gewissen bilden kann.

Folgerungen für das Verständnis des Wertes des Lebens

Die Tradition der katholischen Moraltheologie vertritt nicht die Forderung nach einem absoluten Schutz des menschlichen Lebens in jeder Situation. Sie sprach mindestens in der Vergangenheit von der sittlichen Zulässigkeit des Tötens im Krieg, der Todesstrafe, des Tötens in Notwehr usw. Diese

Feststellung kann auch durch den Hinweis nicht entschärft werden, daß es sich hier um Fälle handle, in denen Menschen schuldig geworden sind. Denn von einer persönlichen Schuld kann z. B. bei der Tötung des Angreifers im Krieg gewöhnlich keine Rede sein. Außerdem fragt sich, ob eine tatsächlich vorliegende Schuld schon die Tötung des anderen rechtfertigt. Heute würde man das wohl verneinen.

Anderseits wird aber eine Tötung immer nur gutgeheißen, wenn mindestens gleich hohe oder noch höhere Werte als das Leben des andern auf dem Spiel stehen. Tötung darf also nie aus einer Geringschätzung des Lebens des andern erfolgen, sondern nur, wenn Leben gegen Leben steht, oder wenn höhere Werte wie z. B. Freiheit oder Glaube unmittelbar bedroht sind.

In vielen Fällen, in denen eine nach christlicher Auffassung unverantwortliche Tötung vorliegt, wie z. B. bei der Abtreibung, handelt es sich in Wirklichkeit darum, daß die betreffende Frau meint, das Austragen des Kindes sei für sie schlimmer als die Abtreibung. Auch hier wird also eine Güterabwägung vorgenommen, aber die Frau kann in ihrer Konfliktsituation den Wert des Lebens gegen den eigenen Nutzen nicht mehr richtig abschätzen. Ein bloßes äußeres Verbot reicht nicht mehr aus, um die Tat zu verhindern, und es wäre auch ethisch gesehen noch nicht ausreichend, wenn eine Handlung bloß deshalb unterbliebe, weil sie äußerlich verboten ist und Strafsanktionen warten.

Es kommt ethisch gesehen entscheidend darauf an, daß jemand ein Verbot aus innerer Überzeugung beobachtet und daß er auch die Freiheit, d. h. die innere Kraft besitzt, eine unrechte Handlung zu unterlassen. Demnach ist der Wert des Lebens nicht in erster Linie dadurch zu schützen, daß man ein entsprechendes Vergehen mit schweren Strafen bedroht, sondern dadurch, daß man den Menschen hilft, das Unrecht eines Vergehens zu begreifen und auch die Kraft zu finden, sich dieses Unrechts zu enthalten. Es sollen also positive Mittel eingesetzt werden, um die Versuchung zur Abtreibung oder auch zu anderen Handlungen gegen das Leben zu verringern und den Menschen zu helfen, besser mit ihren Konfliktsituationen fertig zu werden. Wichtiger und auch dem Wesen der Kirche entsprechender als der Einsatz des Strafrechtes ist das Bemühen für einen positiven Schutz und die Förderung menschlichen Lebens. Wenn sich die Kirche dafür einsetzt, wird dann auch ihre Stellungnahme glaubwürdiger. Denn eine Kirche, die nur nach dem Strafrecht ruft, erscheint leicht als verständnislos und hart. Christen müssen sich immer wieder dadurch um Glaubwürdigkeit bemühen, daß sie positive Werte der Caritas im Sinne von Beratung, finanzieller Hilfe usw. anbieten.

Freilich ist dort, wo diese positiven Maßnahmen nicht ausreichen, auch nicht ganz auf strafrechtliche Maßnahmen zu verzichten. Denn wenn jemand völlig ungestraft Gesetze übertreten und gegen grundlegende Werte verstoßen kann, dann muß man das als eine Art Zustimmung der Gesellschaft auffassen, wodurch dann auch das Unrechtbewußtsein des einzelnen immer mehr abgebaut wird. Das Strafrecht und ähnliche negative Sanktionen sind immer noch Ausdruck der Mißbilligung einer Handlung durch die Gesellschaft. Darauf kann man nicht ohne weiteres verzichten. Deshalb müßte man etwa eine Liberalisierung der Gesetzgebung bezüglich der Euthanasie ernsthaft fürchten und erwarten, daß dadurch die Zahl entsprechender Tötungen erheblich zunehmen würde.

Allerdings sollte bei einem christlichen Verständnis des Strafrechts immer auch die Möglichkeit von Bekehrung und Vergebung berücksichtigt werden. Eine Strafe sollte den Menschen nicht zermürben und zerstören, sondern ihm positive Lebenschancen belassen. Deshalb sollte die Strafe auch nicht in erster Linie diejenigen treffen, die sich in schweren Konflikten und Nöten befinden, sondern diejenigen, die ganz bewußt ohne eigene Notlage Beihilfe zur Tötung leisten.

Der tiefste Wert menschlichen Lebens erschließt sich nur für eine Sicht aus dem Glauben. Der Christ sollte diesen Glauben bezeugen, er sollte sich einsetzen für das Leben, aber er sollte das nicht nur aus einem Geist der Polemik und der Verurteilung Andersdenkender tun, sondern aus einem Geist der Liebe. Nur dieser ist auf die Dauer glaubwürdig.

Anmerkungen

1 Deshalb finden wir in verschiedenen Religionen auch sehr unterschiedliche Bewertungen des Todes. Vgl. R. Mohr, Die christliche Ethik im Lichte der Ethnologie. München 1954, 155–159; G. Condrau, Der Mensch und sein Tod. Certa moriendi condicio. Einsiedeln 1984, 137–236.

2 Zum Folgenden vgl. E. Drewermann, An den Grenzen des Lebens (Psychoanalyse und Moraltheologie Bd. 3). Mainz 1984, 103–167.

Probleme der genetischen Medizin

Die Genetik beschäftigt sich mit Erblehre und Erbanlagen des Menschen. Die traditionelle Genetik suchte vor allem die Gesetzmäßigkeiten der Vererbung zu erforschen, etwa im Sinne der Mendel'schen Gesetze. Daraus ergaben sich auch Ratschläge für Menschen mit erblichen Belastungen. Was heute Wissenschaftler und Praktiker beschäftigt, das ist vor allem die Gentechnik, d. h. die Erforschung und der unmittelbare Eingriff in die Erbanlagen sowie die künstliche Manipulation des Befruchtungsvorganges, wie das in der künstlichen Insemination und in der Retortenbefruchtung geschieht.

Die Gentechnik

Die moderne biologische Forschung gewährt immer tiefere Einsicht in die Vorgänge der Fortpflanzung und in die Gesetze der Vererbung. Zunehmend wird es dadurch möglich, in diesen Prozeß einzugreifen und ihn im gewünschten Sinn zu steuern[1]. Man kann dabei von einer „grünen Technologie" sprechen, die sich mit niederen Lebewesen und Pflanzen beschäftigt, und von einer „roten", die mit Tieren und dem Menschen befaßt ist.

Die grüne Gentechnologie beschäftigt sich also mit Viren, Bakterien, Hefen und Pflanzen. Sie bemüht sich, besonders interessante Stoffe sehr billig und in hoher Reinheit herzustellen. Beispiele sind das Insulin zur Behandlung der Zuckerkrankheit, das Interferon, bestimmte Wachstumshormone (Somatostatin und Somatotropin), Stoffe, die die Fähigkeit zur Blutgerinnung vermindern oder erhöhen. Außerdem strebt man die Produktion von Wirkstoffen zur Schmerzbetäubung, gegen die neue Seuche AIDS und für verschiedene Impfungen an. Hierher gehören auch Versuche, Mikroorganismen mit besonderen Leistungen zu nutzen wie bei der Abfallverwertung, der Nahrungsstoff- und Arzneimittelpro-

duktion, der Schadstoffumwandlung, der Metallgewinnung usw.
Bei höheren Pflanzen geht es vor allem darum, neue Sorten zu züchten mit gesteigerter Nutzleistung und Qualität der Produkte; Sorten mit verminderter Anfälligkeit gegen Dürre, Kälte, Schädlinge und Schädlingsbekämpfungsmittel sowie mit vermindertem Bedarf an künstlichem Dünger.
Die „rote Gentechnologie“ beschäftigt sich mit höheren Lebewesen und dem Menschen. Hier geht es darum, Erbanlagen, insbesondere Erbkrankheiten, möglichst frühzeitig aufzudecken und evtl. therapeutisch einzugreifen. – Bei Tieren sind hier verschiedenste Experimente durchgeführt worden wie etwa die Züchtung einer Riesenmaus oder einer Maus aus vier Elternmäusen sowie umgekehrt geklonter Mäuse, die also nicht durch zweigeschlechtliche Befruchtung zustande gekommen sind. Ebenso weiß man von der Befruchtung von Hamstern mit menschlichen Spermien, wobei die Penetrationsfähigkeit dieser Spermien getestet werden soll. Gerade solche Mischungen zwischen tierischem und menschlichem Erbgut werden immer wieder diskutiert.
Diese Techniken werden nun zunehmend einer sehr grundsätzlichen Kritik unterworfen. Vor allem wendet man ein, daß die Folgen moderner Entwicklungen auf dem Gebiet der Genetik kaum absehbar seien. Ähnlich wie bei Großkraftwerken oder sonstigen großen Eingriffen in die Natur gehen hier die Folgen jedenfalls weit über das unmittelbar Beabsichtigte hinaus und entziehen sich der menschlichen Kontrolle. Man könne solche Auswirkungen dann weder für den einzelnen Menschen noch für die Menschheit wieder rückgängig machen. Unter diesen Umständen seien weitere Entwicklungen und Maßnahmen in diesem Bereich nicht mehr zu verantworten.
Weiters findet man es nicht mehr genügend zu sagen, daß es sich hier um eine in sich indifferente wissenschaftlich-technische Entwicklung handle, die man zwar mißbrauchen, aber auch unter Vermeidung von Mißbrauch gut anwenden könne. Vielfach ist hier der Mißbrauch gar nicht mehr zu vermeiden.

Landwirtschaftliche Weiterzüchtungen nützen z. B. vor allem der industrialisierten Welt und machen das Ungleichgewicht gegenüber der Dritten Welt größer. Die enormen finanziellen Investitionen für Neuentwicklungen müssen wieder hereinkommen, verlangen also eine marktgerechte Verwendung des erworbenen Wissens und Könnens, was die Berücksichtigung ethischer Aspekte von vornherein sehr erschwert.

Schließlich bedeutet die Entwicklung der Humangenetik eine Gefahr für das Menschenbild. Der Mensch erscheint immer mehr als machbar. Die Bereitschaft, ihn mit seinen Fehlern zu nehmen wie er ist, wird immer geringer, und man meint, worüber man selbst verfügen kann, das könne man auch beliebig vernichten. Das Leben als letztlich unverfügbare Gabe wird immer weniger gesehen.

Diesen Bedenken der Kritiker werden von optimistischen Betrachtern der modernen Entwicklung verschiedene Überlegungen entgegengehalten:

Zunächst habe die moderne Medizin die natürliche Auslese der Kranken und Schwachen aus dem Fortpflanzungsprozeß praktisch aufgehoben. Auch Erbkranke können heute meist ein hohes Lebensalter erreichen und Kinder bekommen. Dadurch kann sich krankes Erbgut explosionsartig ausbreiten. Weil es aber inhuman wäre, bei Kranken auf medizinische Behandlung zu verzichten, um die natürliche Auslese wiederherzustellen, bleibt nur die Möglichkeit, durch ständige Weiterentwicklung und Radikalisierung der Behandlungsmethoden gegen eine ständige Verschlechterung des Erbgutes anzugehen.

Weiters verlange der Kampf gegen manche Krankheiten von heute, vor allem gegen den Krebs, so tiefe Einsichten und Eingriffe in die Zellvorgänge, daß die darüber hinausgehende genetische Medizin weithin als „Nebenprodukt" abfalle.

Schließlich widerspräche es der gesamten christlichen und humanistischen Tradition, Menschen, die einem schweren Leiden unterworfen sind, die medizinische Hilfe vorzuenthalten, indem man auf den Fortschritt von Forschung und Technik im Bereich der Genetik verzichte.

Wenn man die Standpunkte der Kritiker und der Befürworter der modernen Genetik miteinander vergleicht, legt sich folgende Überlegung nahe: Man kann und darf wohl die Forschung und Entwicklung der Medizin auch im Bereiche der Genetik nicht pauschal blockieren. Notwendig wäre aber mehr ethische Besinnung und mehr Förderung humaner, nicht bloß technischer Behandlungsmethoden. Nur so kann die Medizin auch in Zukunft der Würde des Menschen entsprechen.

Geschichtlicher Rückblick

Schon Platon (Politea, V. Buch) bringt Überlegungen zur Erbgesundheit, er sorgt sich um die biologische Qualität des Nachwuchses, besonders für den Wächterstand. Er bringt die Idee einer biologischen Zuchtwahl zur Fortpflanzung der Besten und zur Zurückstellung der Entarteten.
Im 2. Jahrhundert nach Christus sollen jüdische Rabbiner die Möglichkeit einer künstlichen Besamung diskutiert haben[1].
Aus dem 14. Jahrhundert wird berichtet, daß Araber die Stuten ihrer Gegner heimlich mit samengetränkten Baumwollschnüren besamt haben, um im Kampf eine Überlegenheit zu gewinnen. Auch bei Menschen soll es im Mittelalter schon Inseminationsversuche gegeben haben. Der Gedanke einer künstlichen Menschenerzeugung taucht in der Sphäre des späten mittelalterlichen Alchemismus auf. Seitdem gibt es die Idee des in der Retorte gezeugten Homunkulus parallel zur Idee der künstlichen Herstellung von Gold.
1680 erprobte Jan Swammerdam, ein Arzt, Mystiker und Philosoph aus Leyden, künstliche Besamungen bei Fischeiern. Der Abt Lazzaro Spallanzani versuchte es bei Insekten und Amphibien und 1780 führte er eine erfolgreiche Besamung einer Hündin durch, die drei Welpen bekam. Erst im letzten Viertel des 19. Jahrhunderts wurde dann die künstliche Besamung auch beim Menschen in größerem Ausmaß und erfolgreich angewandt.

Der Fortschritt der modernen Medizin und die Behandlung und Erhaltung erbkranker Menschen führte in neuerer Zeit zu einer Verstärkung des eugenischen Bewußtseins. Früher waren erbkranke Menschen meist schon als Kinder gestorben, erreichten selten ein heiratsfähiges Alter und konnten kaum Kinder zeugen. Durch die moderne Entwicklung sind praktisch all diese Einschränkungen aufgehoben.

Zuerst reagierten die „Sozial-Darwinisten“ um 1900 auf diese Situation. Dabei bildeten sich zwei Gruppen; die humanere wollte nur die Geburten wertvoller Erbträger fördern und die von belasteten Erbträgern, besonders von Asozialen und Geisteskranken erschweren. Die andere Gruppe setzte sich hingegen für die Ausrottung „unwerter Erbträger“ ein.

Erst die Neo-Darwinisten brachten dann den Gedanken eines wissenschaftlichen Eingriffs in die Genese des Menschen, um das verlorene Erbgleichgewicht wieder herzustellen, ohne daß sie dabei auf Ehegesetze, Sterilisation oder gar Vernichtung „lebensunwerten“ Lebens hätten zurückgreifen müssen. Der grundlegende Theoretiker dieser Richtung war H. J. Muller. Dieser denkt an die Verpflanzung eines befruchteten Eies von einer Frau in eine andere, an die Möglichkeit der Parthenogenese, d. h. des Klonens auch beim Menschen sowie an die vollautomatische Austragung der befruchteten menschlichen Eizelle in der Retorte. Er ist Vorkämpfer der heterologen Insemination mittels Samenzellen außergewöhnlicher Männer. Dabei denkt er an Persönlichkeiten wie Lenin, Newton, Darwin, Einstein, Marx usw.!

1944 werden erstmalig menschliche Geschlechtszellen außerhalb des Körpers zur Verschmelzung gebracht. 1961 berichtet der Arzt Daniele Petrucci aus Bologna, daß es ihm gelungen sei, einen im künstlichen Nährmedium gezeugten Embryo 59 Tage lang im Brutkasten aufzuziehen. 1969 gelang den britischen Ärzten Steptoe und Edwards erstmals die künstliche Zeugung in einer gläsernen Petrischale, während die Versuche, solche Embryos in den Uterus einzupflanzen, zunächst mißlangen. Im Juni 1978 wurde das erste „Retortenbaby“ aufgrund der Bemühungen dieser beiden Ärzte geboren.

Schon Anfang der sechziger Jahre werden phantastische Möglichkeiten der Genetik diskutiert: Die Kontrolle der menschlichen Keimsubstanz im Weltmaßstab als Planziel; dabei könnten die Regierungen Geburten durch Zusätze in der Nahrung verhindern und Gegenmittel für jene Elite ausgeben, die eine Lizenz für Kinder erhalte. Entwicklungsländer sollten erst auf ihre „demographische Kreditwürdigkeit" geprüft werden. Man solle eine Samenwahl unter Züchtungsgesichtspunkten vornehmen und das Samenmaterial in zahlreichen Samenbanken tiefgekühlt speichern und erst nach Jahrzehnten verwenden. Die Samen sollen durch ähnlich gespeicherte Eizellen ergänzt werden. Man solle Keimzellen für alle speichern, die ihre Erbmasse vor Mutationsstoffen schützen oder ihre Sterilisierung zum Zwecke der Empfängnisverhütung mit der Verfügung über ihr Erbgut verbinden wollen. Man dachte auch an genchirurgische Eingriffe zur unmittelbaren Änderung des Genotypus. Man wollte Chromosomensegmente auswechseln können und eine unmittelbare Kontrolle der Nukleotidensequenzen erreichen. Man glaubte, dadurch die Intelligenz des Menschen so erhöhen zu können, daß die Gefahr der Selbstvernichtung der Menschheit durch einen Atomkrieg vermieden würde. Weiters dachte man daran, Menschen für die Weltraumfahrt zu züchten, die strahlenresistent und keimfrei wären und mit Greiffüßen und einem affenartigen Becken auch im Weltraum leben könnten. Man überlegte das Aufpfropfen von Genbruchstücken von Tieren im menschlichen Keimzellkern.
Aber schon bald wurden auch die enormen Risiken einer Manipulation des Erbmaterials bewußt. Man dachte deshalb wieder mehr an Tierexperimente und evtl. Mischzüchtungen zwischen Tier und Mensch!
Wissenschaftler wie Lederberg wiesen oft auf die großen ethischen Probleme hin, erklärten sich gleichzeitig aber für die Fragestellung nicht kompetent. Dieses Auseinanderhalten von Wissenschaft und Ethik führt dazu, daß der Naturwissenschaftler glaubt, für ethische Überlegungen nicht kompetent zu sein, während der Ethiker dann evtl. ebenfalls nicht kom-

petent ist, weil er den naturwissenschaftlichen Sachverhalt nicht genügend überprüfen kann.

Moraltheologische Stellungnahmen

Schon 1897 erklärte das Heilige Officium die künstliche Befruchtung für unzulässig. 1949 bestätigte Pius XII. bei einer Ansprache auf dem Kongreß katholischer Ärzte diesen Standpunkt. Er lehnte besonders jede Befruchtung außerhalb der Ehe ab, wo also die Spermien nicht vom eigenen Ehemann der Frau stammen.

1951 argumentierte Pius XII. in einer Ansprache an Hebammen deutlicher, daß das biologische Geschehen der Befruchtung und das personale Geschehen des Liebesaktes nicht getrennt werden dürften. Dieses Argument wiederholt er auf einem Kongreß über Fruchtbarkeit und Sterilität 1956. Der Bischof von Cork, Cornelius Lucy, in dessen Gebiet das erste Retortenbaby geboren wurde: „Ich sehe nichts Schlechtes im Gebrauch der In-vitro-Fertilisierungs-Methode für kinderlose Ehepaare, wenn es für sie keinen anderen Weg gibt, Kinder zu bekommen."

Die Moraltheologen des deutschsprachigen Raumes haben erstaunlich einhellig die Retortenbefruchtung prinzipiell als sittlich zulässig bewertet, allerdings meist auf verschiedene Bedingungen hingewiesen, die erfüllt sein müßten (Ablehnung der Tötung von und leichtfertiger Experimente mit Embryos). Außerdem lehnt man überwiegend die heterologe Befruchtung ab, wo also der biologische Vater nicht mit der biologischen Mutter verheiratet ist. – Neben den Äußerungen einzelner Bischöfe zu dieser Problematik liegen auch Stellungnahmen von Bischofskonferenzen vor. So gibt es eine Stellungnahme des Bioethischen Komitees der katholischen Bischöfe Großbritanniens von 1984, die sich mit dem Warnock-Report auseinandersetzt. (Der Warnock-Report ist eine Vorarbeit für gesetzgeberische Bemühungen im englischen Parlament.) Das bischöfliche Komitee lehnt darin Experimente, rein kommerzielles Verfahren mit Embryonen, Züchtungsabsichten u. dgl. ab, vertritt aber keine grundsätzliche Ablehnung der In-vitro-Fertilisierung. – Eine ähnliche Stellung bezieht die Familienkommission des französischen Episkopates in ihrem Schreiben „Leben und Tod auf Bestellung" (1984) sowie die Deutsche Bischofskonferenz. Auch die ausführliche Stellungnahme der österreichischen Bischöfe vom März 1985 geht in die gleiche Richtung.

Es zeigt sich also eine gewisse Weiterentwicklung der Auffassung seit Pius XII. Deshalb sind dessen Argumente gegen künstliche Befruchtung und Retortenbefruchtung noch einmal genauer zu analysieren. Wie verhält es sich mit dem Gedanken, daß das biologische Geschehen der Befruchtung und das personale Geschehen des Liebesaktes nicht getrennt werden dürften? – Zunächst könnte man den Verdacht haben, daß es sich hier um einen naturalen Fehlschluß handle: Weil die Befruchtung gewöhnlich mit einem Akt ehelicher Liebe zusammenhängt, deshalb dürfe man diese beiden auch nicht voneinander trennen. Ein solches Argument wäre natürlich logisch unzulässig, denn aus den bloßen Tatsachen lassen sich keine Sollenssätze ableiten. – Hinter der Überlegung Pius' XII. steckt aber offenbar mehr. Das Kind soll eine Frucht der Ehe und der Liebe sein. Die personalistische Philosophie sagt, daß die Person, das Ich, sich nur in der Begegnung mit dem Du und in der Bejahung durch das Du verwirklichen kann. Das Kind braucht die Liebe der Mutter und des Vaters, um Selbstwertgefühl entwickeln zu können, um zu einem Grundvertrauen in die Wirklichkeit zu kommen, um selbst liebesfähig und somit ein sittlich reifer Mensch werden zu können. Ein Kind, das nicht aus dieser ehelichen Liebe stammt, das von Anfang an nicht gewollt ist, kann durch die Ablehnung der Eltern aufs schwerste belastet werden. Unter den Menschen, die Suizidversuche machen, ist ein besonders hoher Anteil von Personen, die von klein auf nicht bejaht wurden. Daß das Kind von Anfang an von den Eltern angenommen wird und aus ihrer Liebe entsteht, ist also eine Möglichkeitsbedingung für reifes Menschsein.

Nun gibt es dennoch gegen das Argument Pius' XII. schwerwiegende Einwände: Auch die natürliche Befruchtung findet manchmal erst viele Stunden, ja sogar bis zu sechs Tage nach der ehelichen Vereinigung statt. Der Embryo entsteht also nicht einfach direkt aus dem Willen der Eltern und ihrer liebenden Vereinigung, sondern das Zustandekommen einer Befruchtung hängt von Zufällen ab, die sich bei der Wanderung der Spermien in Richtung der Eizelle ergeben. Von einer zeitlichen Identität des ehelichen Aktes und der Befruchtung kann also im strengen Sinn nicht die Rede sein.

Der eheliche Akt ist auch nicht immer im vollen Sinn ein zentraler Akt der Liebe. Er kann auch ein bloßer Akt des Begehrens und der Befriedigung eigenen Verlangens sein. Das hat dann wenig mit jener Liebe und Bejahung des werdenden Kindes zu tun, von der vorher die Rede war. Es wäre auch unrealistisch zu fordern, daß eben ehelicher Verkehr immer nur in einer hohen ethischen Einstellung wirklicher Liebe erfolgen dürfe. Ebenso ist es selbstverständlich, daß der eheliche Verkehr sehr häufig gar nicht mit dem Gedanken an ein Kind verbunden ist, jedenfalls nicht mit einem Wunsch nach dem Kind, sondern daß im Gegenteil eine mögliche Zeugung oft eher gefürchtet wird, auch wenn man sie nicht völlig ausschließen will. Es wäre wirklichkeitsfremd, diese Möglichkeiten als Verfehlung gegen die Ehe und die Elternschaft hinzustellen.

Aus diesen Überlegungen ergibt sich, daß die Forderung, Befruchtung und personaler Liebesakt dürften nicht voneinander getrennt werden, nicht im Sinne einer bloßen Aktmoral interpretiert werden darf. Entscheidend ist nicht einfach die Einstellung, die in der ehelichen Vereinigung vorliegt, sondern die grundsätzliche Haltung gegenüber Partner und werdendem Leben. Können die Eltern ihr Kind, sobald es einmal ins Leben getreten ist, bejahen und lieben? Entsprechend wird man dann auch die künstliche Befruchtung oder die In-vitro-Fertilisierung nicht mehr einfach als etwas ansehen, was in Gegensatz zu diesen genannten Bedingungen steht. Man kann ja auch einem Ehepaar, das auf normale

Weise kein Kind zeugen kann und sich deshalb einer dieser genannten Methoden bedient, nicht ohne weiteres absprechen, daß es dabei aus Liebe zueinander und aus Offenheit für das werdende Kind handelt. Im Gegenteil: Wer weiß, was ein Ehepaar auf sich nehmen muß, bis es zu einer In-vitro-Fertilisierung und einer daraus erfolgenden Schwangerschaft kommt, der wird diesen Menschen ein hohes Maß an Opferbereitschaft und Kindesliebe bescheinigen. Bedenken können hier eher insofern entstehen, als das Übermaß des Kinderwunsches, das in solchen Fällen öfter vorhanden ist, Schwierigkeiten für eine gesunde Mutter-Kind-Beziehung, besonders im Hinblick auf die nötige Selbständigkeit und Loslösung des Kindes bereiten kann. Jedenfalls wird man nicht sagen können, daß ein solches Kind dann nicht Frucht der Liebe sei.

Man könnte vielleicht noch fragen, ob sich nicht doch die Befruchtung außerhalb des mütterlichen Organismus in der Retorte negativ auf das werdende Leben auswirkt. Vielleicht ergeben sich hier irgendwelche Defekte, die sich aus einem Mangel an natürlicher ehelicher Liebe und den natürlichen Bedingungen beim Zeugungsakt erklären lassen. – Solche Mängel sind aber bisher nicht festgestellt worden. Sie sind auch in den Augen des Mediziners höchst unwahrscheinlich, weil ja die Phasen im Werden des Embryos und des Fötus, in denen sich dann das psychische und das emotionale Leben allmählich entwickelt, sehr viel später einsetzen.

Neben dem Argument, daß Befruchtung und Liebesakt nicht getrennt werden dürften, spielt in der traditionellen Bewertung noch ein Zweites eine Rolle, nämlich die Ablehnung der Masturbation zum Zwecke der Samengewinnung. Dabei ist aber zu beachten, daß einerseits prinzipiell Spermienflüssigkeit auch auf andere Weise gewonnen werden könnte, und daß andererseits die Masturbation, wenn sie hier vorgenommen wird, ja nicht einfach als Selbstbefriedigung, als rein auf das eigene Ich bezogene Verwirklichung von Sexualität zu betrachten ist, sondern als eine Maßnahme, die ja der Weckung neuen Lebens dienen soll. Aus diesem Grund sieht die heutige Moraltheologie auch in einer solchen Masturbation kaum noch ein Argument, künstliche Insemination prinzipiell zu verwerfen.[2]

Anders verhält es sich mit der heterologen Befruchtung. Zirka 500 heterolog gezeugte Kinder, bei denen also der Samenspender nicht mit der Mutter des Kindes in ehelicher oder eheähnlicher Gemeinschaft lebt, werden jährlich in der BRD geboren. In Schweden zählt man etwa schon 10.000 solcher Kinder. – Man kann zwar eine heterologe Insemination nicht einfach mit Ehebruch vergleichen, weil hier keine Intimbeziehung mit dem Samenspender aufgenommen wird. Aber das Faktum, daß doch ein fremder Mann genetischer Vater eines Kindes in der Ehe ist, kann Konflikte zwischen den Eltern auslösen, wenn z. B. der Mann mit seiner Unfruchtbarkeit nicht fertig wird, oder die Frau ihm diese vorwirft. Dadurch können auch Konflikte zwischen dem Ehemann und dem Kind aufkommen. Wenn eine solche Ehe geschieden wird, könnte sich der Mann vom Kind völlig distanzieren, weil es ja nicht von ihm ist. Das Kind könnte darunter leiden, daß es zwei „Väter" hat, es könnte auch ungewollt zum Inzest kommen, wenn der Samenspender unbekannt bleibt und mehrere Frauen von ihm Kinder bekommen. Wenn er hingegen bekannt ist, könnte er eventuell zur Zahlung von Alimenten herangezogen werden.

Zwar sind alle diese Probleme nicht absolut ausschlaggebend und werden vielleicht bei einem geistig hochstehenden Ehepaar emotional relativ gut bewältigt werden können. Aber es zeigt sich schon hier, daß die Technisierung des Vorgangs der Zeugung die Gefahr mit sich bringt, daß das unmittelbare Verhältnis von Mann und Frau im Zusammenhang der Elternschaft gelockert wird und dadurch auch eine größere Distanz unter den Gatten und gegenüber dem Kind mit manchmal schwer kalkulierbaren Folgen eintritt.[3]

Wenn bei einer Frau die Eizellenproduktion gestört ist oder sie an Erbkrankheiten leidet und eine erbliche Belastung eigener Kinder fürchtet, besteht technisch die Möglichkeit, ein Kind mit Hilfe eines fremden Eies zu bekommen. Dabei kann es sein, daß die Eispenderin durch den Ehemann auf natürlichem Weg befruchtet und der Embryo nach einigen Tagen aus der Gebärmutter ausgespült wird; oder es wird ein gespendetes Ei in der Retorte befruchtet und anschließend der Ehefrau implantiert. – Im ersten Fall liegt praktisch eine Art Ehebruch vor. Aber auch den zweiten Fall wird man ethisch ablehnen müssen; es handelt sich hier um eine Entsprechung zur heterologen Insemination.

Besondere Aufmerksamkeit findet in der öffentlichen Diskussion die Möglichkeit einer Leih- oder Mietmutterschaft. Dabei trägt eine Frau für ein auftraggebendes Ehepaar ein Kind aus, das sie meist durch künstliche Besamung oder durch Embryotransfer nach einer Retortenbefruchtung empfangen hat. Historische Analogien findet dieses Vorgehen schon im Alten Testament, wo z. B. Sarai ihren Mann Abraham an die Magd Hagar verwiesen hat, damit diese für die kinderlose Sarai ein Kind gebäre (Gen 16,2). Ein Ersatz des Vaters liegt beim sogenannten Levirat vor (z. B. Onan). – Gelegentlich finden sich ähnliche Verhaltensweisen zu diesem alttestamentlichen Vorgehen bis in unsere Zeit herauf, in dem z. B. eine kinderlose Frau ihren eigenen Ehemann an ihre Schwester verweist, um von dieser ein Kind zu bekommen. Die Einwände, die sich hier ergeben, betreffen vor allem die Beziehung der Mietmutter zum Kind. Es ist zu befürchten, daß diese Mietmutter, da sie ja von Anfang an weiß, daß sie das Kind für andere austrägt, schon in der Schwangerschaft nicht die nötige Sorgfalt in der Lebensführung (etwa in Hinsicht auf Rauchen und Trinken) walten läßt, und sich nicht so mit dem Kind identifiziert, wie das aus psychosomatischen Gründen wünschenswert wäre. Anderseits kann es sein, daß bei einer normalen starken Identifikation mit dem Kind, die Herausgabe des Neugeborenen an die Auftraggeber einen Verrat an mütterlichen Gefühlen verlangt, der tief verletzend und inhuman ist. Hier ist dann auch von einer Ausbeutung der Frau zu sprechen, insofern sie etwa durch eine finanzielle Notlage oder aus sonstigen Gründen zunächst in etwas eingewilligt hat, dessen Tragweite sie nicht überschauen konnte. Es gibt Fälle, in denen eine Mietmutter nach der Geburt nicht mehr bereit war, das Kind herauszugeben und andere, in denen sich das Kind als geschädigt erwies, sodaß dann weder die Mietmutter noch die Auftraggeber das Kind behalten wollten. Das Kind kann in solchen Fällen sehr leicht Gegenstand schwerer Konflikte werden. Aus diesen Gründen wird die Mietmutterschaft von der Moraltheologie eindeutig abgelehnt.

Ebenso erscheint es als unannehmbar, wenn eine alleinstehende Frau, ohne eine eheliche Beziehung zu einem Mann, durch künstliche Insemination ein Kind bekommen möchte. Hier scheint der Schaden, den ein Kind erleidet, das ohne Vater aufwachsen muß, unverhältnismäßig viel größer zu sein als der Schaden, den eine Frau hat, wenn ihr Kinderwunsch keine Erfüllung findet. Für das Kind kann das Fehlen des Vaters zu einer schweren Beeinträchtigung für das ganze Leben werden. Auch diese Möglichkeit ist in ethischer Sicht unannehmbar.

Eine weitere Technik, die immer wieder diskutiert wird, ist das Konservieren der männlichen Spermien, um bei späterer Gelegenheit noch eine Befruchtung vornehmen zu können. Man diskutiert, daß sich der Mann inzwischen sterilisieren lassen könnte. So wäre es auch in einem fortgeschrittenen Alter noch möglich, unter biologisch optimalen Bedingungen ein gesundes Kind zu zeugen. Auch hier sind verschiedene Mißbräuche denkbar. Insbesondere wäre es problematisch, wenn sich die Frau noch nach dem Tod ihres Mannes mit diesen Spermien inseminieren lassen würde. Zwar würde ein solches Kind rechtlich als ehelich gelten, aber es müßte ohne Vater aufwachsen.

Eine weitere Problematik, die schließlich in Zusammenhang mit den neuen Möglichkeiten der genetischen Medizin zu sehen ist, betrifft die befruchteten Eizellen. Zum Zwecke der Retortenbefruchtung wird eine hormonelle Stimulation der Eierstöcke vorgenommen, sodaß man manchmal sogar acht bis zwölf reife Eizellen entnehmen kann. Zwar wird nicht bei allen die Befruchtung gelingen, sodaß es schließlich auch medizinisch sinnvoll und verantwortbar erscheint, alle befruchteten Eizellen in den mütterlichen Organismus einzubringen, aber es ergibt sich hier auch die Verlockung zu Experimenten. Dabei ist aus ethischer Sicht immer zu bedenken, daß es sich bei solchen Embryonen bereits um den Beginn eines spezifisch menschlichen Lebens handelt. Experimente, die lebensfähige Embryonen verbrauchen, nur um wissenschaftliche Erkenntnisse zu bekommen, sind deshalb abzulehnen.

Man könnte sich nun fragen, ob nach all den Bedenken, die sich hier einstellen, die genetische Medizin wirklich eine Zukunft habe. Wäre es nicht besser, auf diese Techniken zu verzichten und den Aufwand an Forschung und praktischem Bemühen anderen Gegenständen zuzuwenden? Abgesehen davon, daß ein solcher Wunsch unrealistisch wäre, weil hier einfach zu viele Menschen starke Interessen haben und deshalb die Entwicklung einfach weitergehen wird, sollte man sich als Christ doch immer folgendes vor Augen führen: Für viele Ehepaare sind Kinder, die sie vielleicht zunächst nicht bekommen können, ein Lebensinhalt, der nicht nur menschlich, sondern auch religiös von höchster Bedeutung sein kann. Die Sorge für eigene Kinder ist für viele Eltern vielleicht die beste Schule christlicher Liebe. Ohne Kinder könnte sie manchmal in Gefahr sein, weil sie nicht wissen, für wen sie eigentlich leben sollen, nur noch in einer Art Ich-Bezogenheit ihre Lebensaufgaben zu sehen. Die Kirche hat dem Willen zum Kind in ihrer Ehelehre immer größte Bedeutung beigemessen. Sie wäre unglaubwürdig, wenn sie im Zusammenhang mit der genetischen Medizin zu diesem Anliegen nicht stehen würde.

Freilich muß trotz aller Fortschritte auch heute noch gesagt werden: Die meisten kinderlosen Ehepaare werden wohl auch durch die neuen Techniken nicht zu einem Kind kommen. Sie werden sich mit den Grenzen abfinden müssen, die ihrer Ehe und ihrem Leben gesetzt sind. Sie sollten als Christen auch an dieser Aufgabe nicht verzweifeln, sondern in Dankbarkeit annehmen, was ihnen an Glück geboten wird, aber auch in Ergebung auf das zu verzichten lernen, was ihnen das Leben vorenthalten hat.

Anmerkungen

1 Zum folgenden vgl. die ausgezeichnete Darstellung aus philosophisch-ethischer Sicht von R. Löw, Leben aus dem Labor. Gentechnologie und Verantwortung – Biologie und Moral. München 1985.

2 Mit den Möglichkeiten künstlicher Insemination verbinden sich zahllose ethische, rechtliche und politische Probleme. Einen guten Überblick mehr aus juristischer Sicht bietet W. van den Daele, Mensch nach Maß? Ethische Probleme der Genmanipulation und Gentherapie (Beck'sche Schwarze Reihe 299). München 1985. – Zur Information seien weiter empfohlen: J. Reiter und U. Theile (Hrsg.), Genetik und Moral. Beiträge zu einer Ethik des Ungeborenen. Mainz 1985; In-vitro-Fertilisation, Genomanalyse und Gentherapie. Bericht der gemeinsamen Arbeitsgruppe des Bundesministers der Justiz (Reihe Gentechnologie). München 1985.

3 Dazu M. Vodopivec, Samenuntersuchung. In: LThK Bd. 9, Sp. 296.

Die Schwangerenuntersuchung

Die Schwangerenuntersuchung („pränatale Diagnostik") hat offenbar nicht bloß den Zweck einer theoretischen Feststellung des Gesundheitszustandes des Kindes, sondern der Beratung insbesondere in den Fällen, in denen eine Schädigung der Leibesfrucht befürchtet wird. Wenn sich ein derartiger Befund ergibt, wird dann oft ein Schwangerschaftsabbruch vorgenommen. Insofern stellt sich die Frage, ob die pränatale Diagnostik und Beratung aus der Sicht der christlichen Ethik gutzuheißen sind.

Anthropologische und ethische Voraussetzungen

Eine erste Voraussetzung für die Beurteilung der Schwangerenuntersuchung ist die Frage nach dem Lebensbeginn. Hier ist, abgesehen von Außenseitern, heute ein weitgehender Konsens erreicht. Menschliches Leben verläuft vom Augenblick der Zeugung an in einer solchen Kontinuität, daß die Annahme einer Beseelung zu einem späteren Zeitpunkt als willkürlich und unwahrscheinlich erscheint. Schon bei der Vereinigung von Eizelle und Samenzelle entsteht ein Wesen, das in der Anlage alles in sich trägt, was dann in der späteren Entfaltung in Erscheinung tritt. Man muß also wohl davon ausgehen, daß es sich bei dem werdenden Leben immer schon wirklich um einen Menschen handelt.
Weiters ist von dem ethischen Prinzip auszugehen, daß menschliches Leben von Anfang an ein Recht auf Existenz hat. Deshalb stellt sich die Kirche prinzipiell auf den Standpunkt, daß ein Schwangerschaftsabbruch sittlich nicht zulässig ist. Nach der Meinung vieler heutiger Moraltheologen gibt es hier eigentlich nur eine Ausnahme, nämlich eine medizinische Indikation im strikten Sinn, also in dem Fall, wo das Leben der Frau nur durch einen Schwangerschaftsabbruch gerettet werden kann. Hier ist ja dann die Tötung des Fötus

nicht gegen das menschliche Leben gerichtet, sondern versucht gerade aus Achtung vor diesem Leben wenigstens noch die Mutter zu retten. Hier geht es also um eine Güterabwägung.

Schließlich ist bei dieser Problematik immer zu bedenken, daß die Letztentscheidung bei der Mutter bzw. dem Erstbetroffenen liegt und daß es auch ethisch bedenklich ist, wenn man jemandem eine Entscheidung aufdrängt, die er innerlich nicht annehmen will. Es ist also bei der Beratung der werdenden Mutter darauf zu achten, daß ihr freier Wille nicht umgangen oder unterdrückt wird, wenngleich natürlich ein ausführliches Gespräch wünschenswert ist, das z. B. der Frau eine unbegründete Angst nehmen und ihr Mut machen möchte.

Es gibt verschiedene Methoden, das Kind im Mutterleib zu untersuchen. Im folgenden ist nicht sosehr an die völlig unschädliche Ultraschalldiagnostik gedacht, sondern vor allem an die Fruchtwasseruntersuchung (Amniozentese). Man kann mit Hilfe dieser Methode schon sehr früh feststellen, ob der Embryo geschädigt ist bzw. an einer schweren Krankheit (z. B. Mongolismus) leidet. Ein Problem dieser Methode besteht darin, daß in etwa einem Prozent der Fälle die Amniozentese zu Komplikationen, meist zum Tod des Kindes führt. Gelegentlich kommt es auch zu einem Irrtum in der Diagnose, sodaß ein krankes Kind als gesund oder ein völlig gesundes als krank beurteilt wird. Im zweiten Fall kann dieser Irrtum für die Abtreibung eines gesunden Kindes ausschlaggebend sein. – Der Prozentsatz der schweren Komplikationen ist für eine reine Untersuchungsmethode sehr hoch. Schon aus diesem Grund ist eine beliebige Ausweitung solcher Untersuchungen nicht vertretbar.

Zur ethischen Bewertung der Schwangerenuntersuchung

Die pränatale Diagnostik zielt primär darauf ab, die Schwangere über das Befinden des werdenden Lebens zu informieren und sie dann zu beraten. Nun kann eine solche Information

befreien und beglücken, sie kann aber auch außerordentlich belastend sein. Besteht ein Recht auf dieses Wissen und hat dieses Recht eine Grenze?
Selbstverständlich ist es oft entlastend und hilfreich, wenn man die werdende Mutter darüber informieren kann, daß entgegen ihren Befürchtungen die Leibesfrucht gesund ist. Tatsächlich ergibt sich in etwa 95 Prozent der untersuchten Fälle eine günstige Diagnose. Die schwangere Frau kann beruhigt und glücklich der Geburt entgegensehen. Das wird sich auch vorteilhaft auf das Kind auswirken. Oft wird auf diese Weise eine Abtreibung vermieden, die vielleicht bereits geplant war. Statistisch trägt die Schwangerenuntersuchung in ungleich mehr Fällen zur Rettung des Kindes als zu dessen Tötung bei. Man muß bedenken, daß etwa der Mongolismus, um dessentwillen diese Untersuchung oft durchgeführt wird, auch bei höherem Alter der Mutter nicht sehr wahrscheinlich ist. Das statistische Risiko eines mongoloiden Kindes beträgt bei einer 20jährigen Mutter 1:2000, bei einer 30jährigen 1:700 und bei einer Frau im Alter von 45 Jahren 1:50, d. h. also, daß in 50 untersuchten Fällen statistisch nur einmal Mongolismus zu finden ist.
Auch wenn schwerere Erkrankungen vorliegen, kann es gewisse Vorteile mit sich bringen, wenn das bereits sehr früh erkannt wird. Man kann sich auf das Kommende vorbereiten und vielleicht in manchen Fällen auch medizinische Maßnahmen ergreifen.
Diesen Vorzügen stehen aber nun auch schwere Bedenken gegenüber: Abgesehen von dem Komplikationsrisiko der Untersuchung kommt der Haupteinwand gegen die Schwangerenuntersuchung von den Fällen her, in denen eine Krankheit oder Schädigung des Kindes von einer solchen Schwere diagnostiziert wird, daß die Frau zu einer Abtreibung veranlaßt wird. Wäre es hier nicht besser, wenn die Frau vom Befund nichts wüßte und erst nach der Geburt mit diesem Problem konfrontiert würde?
Wenn eine Krankheit festgestellt wird, legt man der Mutter häufig die Abtreibung nahe. Man begründet das damit, daß

die Familie in den meisten Fällen mit einem geschädigten Kind völlig überfordert sei. Man möchte die schweren Belastungen und Nachteile, die auf Eltern und Geschwister zukommen, von vorneherein durch einen Schwangerschaftsabbruch ausschalten.

Häufig ist auch die schwangere Frau durch die Mitteilung einer ungünstigen Diagnose schockiert, daß sie schon in einer Art Panikstimmung dem Abortus zustimmt. Es ist nicht gesagt, daß sie das Kind nicht doch bejahen und behalten würde, wenn sie es zunächst einmal austragen könnte und erst nach der Geburt erfahren würde, daß dieses Kind krank ist. Soll man also derartige Informationen geben? Natürlich kann man sich nicht damit helfen, daß man nur im günstigen Fall eine Information gibt und sie im ungünstigen verschweigt. Denn dann würde auch das Schweigen bereits als ungünstige Information interpretiert. Es bleibt nur die Alternative, entweder grundsätzlich eine Information zu verweigern oder sie in beiden Fällen zu erteilen. Wie steht es also mit dem Recht auf Information? Fordert vielleicht die Verantwortung der werdenden Mutter, daß sie sich untersuchen und informieren läßt? Oder sollte sie darauf besser verzichten?

Die Untersuchung und Information einer Schwangeren muß wie jedes ärztliche Handeln prinzipiell im Dienste des Lebens stehen. Die Absicht, gegebenenfalls abzutreiben, kann also keine ethische Legitimation für die pränatale Diagnostik abgeben. Eine Rechtfertigung kann aber darin gesehen werden, daß diese Methode im ganzen mehr der Rettung als der Gefährdung des Lebens dient.

Zu respektieren ist selbstverständlich der Entschluß einer werdenden Mutter, sich der Fruchtwasseruntersuchung nicht zu unterziehen, weil sie ihr Kind auf jeden Fall austragen und durch die Untersuchung nicht gefährden will. Die medizinischen Vorteile der Amniozentese etwa gegenüber der Ultraschalldiagnose sind sicher noch nicht so hoch einzuschätzen, daß eine solche Weigerung unverantwortlich erschiene. Sie ist vielmehr als Ausdruck einer prinzipiellen Hochschätzung des werdenden Lebens zu achten.

Wo es hingegen für eine Frau eine besondere Hilfe bedeutet, Gewißheit über den Gesundheitszustand des Fötus zu haben, weil sie unter ihren Befürchtungen sehr leidet und vielleicht von außen mit Ratschlägen zur Abtreibung bedrängt wird, kann es durchaus auch eine sittlich verantwortbare Entscheidung sein, sich der pränatalen Diagnose zu unterziehen.
Sicher muß jene werdende Mutter, bei der ein Verdacht auf Krankheit der Leibesfrucht besteht, die Entscheidung, ob sie eine Schwangerenuntersuchung machen lassen will, selbst bzw. zusammen mit ihrem Mann treffen. Sie soll sich dabei im klaren sein, was es für sie bedeutet, wenn sie einen günstigen Befund bekommt, aber auch, was sie machen will, wenn die Diagnose ungünstig ist. – Das Problem der pränatalen Diagnose ist nicht, daß sie in sich etwas Schlechtes wäre, sondern daß sie leicht zu Mißbrauch führen kann.
Es ist zu begrüßen, daß die Mediziner sich heute noch gewöhnlich weigern, das Geschlecht des Kindes, das sie aufgrund der Amniozentese durchaus feststellen können, mitzuteilen. Sonst wäre zu befürchten, daß dieser Faktor bei einer Entscheidung über Leben oder Tod des Kindes auch noch eine Rolle spielen würde.
Tatsächlich gibt es gelegentlich auch schon eine „Schwangerschaft auf Probe". So kommt es z. B. vor, daß ein Ehepaar mit einer schweren erblichen Belastung, die sich z. B. nur bei einem Kind männlichen Geschlechtes auswirkt, eine Schwangerschaft anstrebt, aber das Kind nur austragen will, wenn es als weiblich diagnostiziert wird. Noch verwerflicher wäre es natürlich, wenn diese „Schwangerschaft auf Probe" nur aus dem Grunde gesucht würde, weil man z. B. bereits zwei Töchter hat und noch gerne einen Sohn bekommen möchte. – Ein solches Vorgehen läßt schon ein wenig ahnen, wohin die Entwicklung gehen könnte, wenn das Verantwortungsbewußtsein mit den technischen Möglichkeiten nicht mehr Schritt hält.
Die gebotene Wertschätzung des menschlichen Lebens verpflichtet allerdings nicht dazu, im Falle einer schweren Schädigung der Leibesfrucht alles daranzusetzen, um dieses Leben

möglichst lange zu erhalten. Wie es beim alten Menschen rechtens sein kann, auf bestimmte Möglichkeiten der Lebensverlängerung zu verzichten, so auch in der vorgeburtlichen Phase und in der Zeit der frühen Kindheit. Man soll zwar die allgemein übliche medizinische Betreuung nicht unterlassen, aber im übrigen darf man auch hier auf außergewöhnliche Mittel der Lebenserhaltung verzichten.

Für eine Mutter und die ganze Familie kann die Geburt eines schwerbehinderten Kindes zu einer ganz schweren Belastung werden. Wenn sich eine Frau dieser Aufgabe nicht gewachsen fühlt und sich zu einer Abtreibung entscheidet, wird der Christ nicht der sein, der den ersten Stein auf sie wirft. Dennoch muß klar bleiben, daß christliches Ethos auch die Würde und das Existenzrecht eines solchen Kindes anerkennt. Auch wenn jemand nicht einsehen kann, daß ein solches Leben seinen eigenen Wert hat, müßte er erkennen, daß die Verneinung des Lebensrechtes in einem solchen Fall zu den gefährlichsten und unmenschlichsten Ausweitungen führen kann. Der Nationalsozialismus liefert uns dafür erschütterndes Anschauungsmaterial. Der Wert eines menschlichen Lebens darf nicht nur nach dem Kriterium der Gesundheit bemessen werden. Er darf auch nicht dadurch verkannt werden, daß der moderne Mensch oft von übermäßiger Angst vor Krankheit und Schädigung erfüllt ist. Der tiefste Wert des menschlichen Lebens beruht für den Christen darauf, daß Gott einen jeden Menschen liebt, und daß jeder Mensch dazu berufen ist, einen Dialog der Liebe mit Gott zu führen, der zum Vorspiel ewigen Glückes werden soll.

Die Achtung vor der Gewissensentscheidung

Ein besonderes Problem in der Frage der Schwangerenuntersuchung ist das Tätigwerden des Arztes in der Art der Information der werdenden Mutter. In welchem Maß und in welcher Art kann er mitschuldig werden an einer sittlichen Fehlentscheidung der werdenden Mutter? Der Arzt macht sich mitschuldig, wenn er der ratsuchenden Frau etwas empfiehlt, was sittlich nicht gutzuheißen ist. Dabei ist zunächst zu unterscheiden zwischen einem Zureden und einer Information. Zureden bedeutet, daß man jemanden zu etwas bewegen will, was er von sich aus nicht tun würde. Unter Information wäre zu verstehen, daß man jemanden über etwas unterrichtet, sei das ein gegenwärtiger Befund oder eine Prognose für die Zukunft. Es kann berechtigt sein, eine schwangere Frau nicht nur darüber zu unterrichten, was man im Augenblick diagnostiziert, sondern auch darüber, was sich aufgrund dieser Diagnose voraussehen läßt, z. B. auch über die zu erwartenden Probleme, wenn die Frau das Kind austrägt. Das muß noch kein Rat sein, kann aber natürlich als Motivation wirken. Würde der Arzt seine Erkenntnisse und Erwartungen bewußt verheimlichen, dann würde er mitschuldig werden, wenn sich die Verzögerung der Einsicht bei der Frau später negativ auswirken würde.

Die traditionelle Lehre von der Mitwirkung beim bösen Handeln eines anderen ist grundsätzlich davon ausgegangen, daß zwischen Handelndem und Mitwirkendem eine Übereinstimmung in der sittlichen Auffassung bestand. Diese Voraussetzung kann heute nicht mehr im gleichen Sinn gemacht werden. Damit stellt sich die Frage neu, wie man sich gegenüber jemandem zu verhalten hat, der vielleicht aus den Informationen, die man ihm gibt, sittlich unzulässige Folgerungen zieht. Wieweit kann etwa der informierende und beratende Arzt verantwortlich gemacht werden, wenn sich die werdende Mutter aufgrund der ihr gegebenen Information zur Abtreibung entschließt?

Das Problem sei an einem Beispiel verdeutlicht: Ein Zeuge Jehovas fragt einen Arzt, wie er sein Kind behandeln lassen soll. Der Arzt würde bei der vorliegenden Diagnose sonst für eine Blutübertragung entscheiden. Er weiß aber, daß der Zeuge Jehovas das in seinem Gewissen ablehnt. So empfiehlt er eine Ersatzmaßnahme, etwa ein künstliches Serum, das zwar medizinisch weniger wirksam ist, aber die religiöse Einstellung des Zeugen Jehovas nicht verletzt.

Wenn man diesen Zusammenhang sinngemäß auf das Problem der Schwangerenuntersuchung überträgt, ergeben sich folgende Überlegungen: Wenn ein Arzt einer schwangeren Frau mitteilt, daß ihr Kind schwer geschädigt sein wird, und wenn dieser Arzt der Überzeugung ist, daß eine Abtreibung sittlich unzulässig ist, während die werdende Mutter glaubt, ein Recht dazu zu haben, dann hat die gegebene Diagnose und Information eine doppelte Bedeutung, insofern sie in den Augen des Arztes die Abtreibung nicht legitimiert, wohl aber in den Augen der Frau.

Diese Situation kann nicht dadurch vereinfacht werden, daß der Arzt nur das eigene Gewissen zum Maßstab macht und versucht, sein Urteil der Frau aufzunötigen; aber auch nicht dadurch, daß er von seinem Standpunkt abstrahiert und nur das Gewissensurteil der Frau für wesentlich hält. Zunächst ist zwar davon auszugehen, daß die Frau selbst zu entscheiden hat, was sie tun will. Aber auch der Arzt hat die Verpflichtung, in der Beziehung des Gespräches der Frau seinen Standpunkt mitzuteilen, soweit sie bereit ist, sich auf ein solches Gespräch einzulassen.

Der Arzt kann also für die Entscheidung seiner Klientin nicht völlig mitverantwortlich gemacht werden. Er ist aber daran auch nicht einfach unbeteiligt. Sittlich entscheidend ist, in welcher Weise er versucht, seine Überzeugung an die Frau heranzutragen, ohne ihre Freiheit und Eigenverantwortung zu mißachten. Würde er diesen Grundsatz verletzen, dann hätte das, abgesehen vom unmittelbaren sittlichen Aspekt, sicher zur Folge, daß ihn Menschen, die in Not sind, nicht mehr gerne zu Rate ziehen würden. Umgekehrt würde ein Arzt, der sich nicht bemühen würde, sein eigenes Wissen, seine Erfahrung und seine Überzeugung der Klientin mitzuteilen, Anlaß für schwere Vorwürfe geben, die dann vielleicht im nachhinein gegen ihn erhoben würden. Es ist Sache des Arztes, sich ein umfassendes Urteil auch über die Spätfolgen einer Abtreibung, z. B. in psychischer und religiöser Hinsicht zu informieren, die ja das Lebensglück eines Menschen oft mehr beeinträchtigen als z. B. die Geburt eines geschädigten

Kindes, und diese zu erwartenden Auswirkungen auch mit seiner Klientin zu besprechen. Zudem muß ja in dieser Frage immer auch das Recht des werdenden Lebens berücksichtigt werden. Auch hier hat der Arzt, der weniger als die Frau durch die gegebene Prognose in Panik gerät, die Aufgabe, Anwalt des Kindes zu sein.

Damit allerdings der Rat, eine Abtreibung zu unterlassen, auch wirksam sein kann, sollte der werdenden Mutter auch geholfen werden, mit den später auftretenden Problemen positiv fertig zu werden. Denn es geht ja in dieser Situation nicht nur um die Erhaltung eines biologischen Lebens, sondern um die Erhaltung einer menschlichen Existenz, die auch einen Anspruch auf ein menschenwürdiges und erfülltes Leben hat. Die werdende Mutter sollte nie den Eindruck haben, daß man sie nur zum Austragen ihres Kindes veranlassen möchte, daß man sie dann aber mit ihren großen Problemen und Sorgen allein läßt.

Abtreibung

Abtreibung ist ein Phänomen, das sich durch die ganze Menschheitsgeschichte verfolgen läßt. Immer wieder haben Frauen geglaubt, auf diese Weise ihrer Not entrinnen zu können. Aber abgesehen davon, daß sie dadurch oft in andere Schwierigkeiten geraten sind, spielt hier eben auch das Lebensrecht des Kindes eine unübersehbare Rolle. So ist Abtreibung nie eine wirkliche „Lösung" der Probleme.

Unter Abtreibung versteht man die absichtliche Entfernung einer noch nicht selbständig lebensfähigen menschlichen Leibesfrucht. Da wir davon ausgehen müssen, daß das beseelte menschliche Leben mit der Zeugung beginnt, handelt es sich bei der Abtreibung um die Tötung eines personalen menschlichen Lebens.

Die Kirche hat die Abtreibung von Anfang an abgelehnt. Belege finden sich etwa in der Didache, im Barnabasbrief bei Tertullian und Augustin bis herauf in die kirchlichen Dokumente der Gegenwart. – Der theologische Grund für diese Ablehnung liegt in einer besonderen Hochschätzung des menschlichen Lebens und der Würde der Person. Wenn jeder Mensch zu einem ewigen Heil berufen ist, dann ergibt sich daraus ein unermeßlicher Wert des menschlichen Lebens.

Allerdings sollte man eine Abtreibung nicht in jeder Hinsicht mit der Ermordung eines reifen Menschen gleichsetzen. Denn die Schuldhaftigkeit einer Handlung hängt auch von der subjektiven Einschätzung ab. Eine Frau wird aber zu einer befruchteten Eizelle in den ersten Entwicklungsphasen noch kaum die gleiche Beziehung haben wie zu einem reifen Menschen.

Die Beziehung der Mutter zum werdenden Leben macht verschiedene Phasen durch.[1] Auch wenn die Frau in der ersten Zeit ihrer Schwangerschaft das Kind vollkommen ablehnt, ändert sich diese Einstellung häufig etwa nach dem dritten Monat. Ähnlich ist es zwar für die Mutter noch eher möglich, ein Kind unmittelbar nach der Geburt zur Adoption wegzugeben; dieser Entschluß wird aber gewöhnlich sehr viel schwerer, wenn die Mutter ihr Kind nach der Geburt noch einige Tage oder Wochen bei sich behält. In dem Maß, wie während der Schwangerschaft das Wissen um das Kind wächst und die Beziehung zum Kind sich vertieft, muß auch eine Abtreibung das Gewissen der Mutter immer schwerer belasten.[2]

Die Indikationen

Von den Befürwortern der Abtreibung werden verschiedene Fälle genannt, in denen eine Abtreibung angezeigt („Indikation" von lat. indicare = anzeigen), zulässig sein soll.

Von einer *sozialen Indikation* spricht man, wenn ein sozialer Notstand (Armut, zu kleine Wohnung, schwierige Familienverhältnisse usw.) als Rechtfertigung angeführt wird. Für den Christen kann die gerechte Lösung solcher Probleme nicht die Abtreibung sein, sondern nur die Änderung der äußeren Umstände. Wenn aufgrund einer sozialen Indikation eine Abtreibung durchgeführt wird, dann ist die Schuld daran jedenfalls soweit auch der Gesellschaft und ihren Institutionen zuzuschreiben, wie sie durch Schaffung besserer Bedingungen eine derartige Nothandlung hätten vermeiden können. Wo sich die Bedingungen aber nicht ändern lassen, sollte menschliches Leben doch so hoch eingeschätzt werden, daß man dafür auch zu größten Opfern bereit ist. – Häufig handelt es sich hier auch um Fälle, in denen man ein weiteres Kind ablehnt, weil man fürchtet, sonst unter das Niveau des allgemein üblichen Wohlstandes herabzusinken. Dieser übt hier auf den einzelnen ein Diktat aus, dem man leicht unterliegt. Die Gutheißung einer sozialen Indikation würde die Verstärkung dieses Diktates und einer materialistischen Wertordnung bedeuten.

Besonders ist auch die „Schwangerschaft auf Probe" abzulehnen. Damit meint man etwa den Fall, wo Eheleute, die z. B. bereits zwei Söhne haben, nur noch eine Tochter haben wollen und deshalb frühzeitig feststellen lassen, ob das werdende Leben männlich oder weiblich ist. Entspricht das Geschlecht den Wünschen der Eltern, wird das Kind ausgetragen, im anderen Fall wird es abgetrieben. Eine solche Schwangerschaft auf Probe kommt auch dort vor, wo die Eltern an einer erblichen Krankheit leiden, die nur bei der männlichen Nachkommenschaft in Erscheinung tritt, nicht aber bei der weiblichen.

Bei der *ethischen Indikation* handelt es sich um Schwangerschaften, die aufgrund einer Vergewaltigung oder anderer, die Ehre betreffenden Verbindungen entstanden sind. Sollte die Mutter psychologisch nicht in der Lage sein, sich schließlich zu ihrem Kind zu bekennen, dann könnte an eine Freigabe zur Adoption gedacht werden. Durch eine Tötung des Kindes würde einerseits das furchtbare Erlebnis der Vergewaltigung nicht aus der Welt geschafft und anderseits ein neues Unrecht am werdenden Leben hinzugefügt, was die Mutter mit schweren Schuldgefühlen belasten könnte. Eine Tötung läßt sich also auch hier nicht rechtfertigen. – Natürlich ist eine Frau, die nach einer Vergewaltigung das Kind abtreiben läßt, nicht allein schuldig, sondern die Schuld wird hier primär den Vater des Kindes treffen.

Eine spezielle Problematik bei der ethischen Indikation ist die Frage, was man unter Vergewaltigung versteht. Denn hier gibt es fließende Übergänge von der Untat eines Sexualverbrechers bis hin zu einem von der Frau nicht gewollten, aber doch zugelassenen ehelichen Verkehr.

Von einer *eugenischen Indikation* spricht man, wenn bei der werdenden Leibesfrucht mit schweren Schädigungen zu rechnen ist. Ethisch gesehen wird man zwar sagen müssen, daß Eltern, die etwa mit schweren erblichen Krankheiten ihrer Kinder zu rechnen haben, unter Umständen im Gewissen verpflichtet sind, die Zeugung von Nachkommenschaft zu meiden. Man darf aber die körperliche und psychische Gesundheit nicht so verabsolutieren, als ob menschliches Leben einfach seinen Wert verlieren würde, wenn gesundheitliche Schäden zu befürchten sind. Oft können behinderte Kinder,

wenn sie richtig behandelt und erzogen werden, durchaus Freude und Sinn in ihrem Leben finden. Vielfach wird auch die Familie, in der ein solches Kind aufwächst, gerade in der Sorge darum selber reifen und glücklicher werden.
Würde man schon die Wahrscheinlichkeit gesundheitlicher Schäden als Rechtfertigung für eine Abtreibung betrachten, dann wären zudem sehr gefährliche Ausweitungen zu befürchten. Bei bestimmten Verdachtsmomenten würden dann viele völlig gesunde Kinder abgetrieben, bis einmal ein geschädigtes betroffen wäre.
Weniger einheitlich als in den bisher genannten Fällen ist die Beurteilung bei der *medizinischen Indikation*. Hier sind Schwangerschaften gemeint, die Gesundheit und Leben der Mutter gefährden. Pius XII. hat sich zwar auch gegenüber dieser Indikation kompromißlos ablehnend geäußert, weil schuldloses Leben, außer im Fall der Notwehr, nicht getötet werden dürfe. Aber verschiedene Theologen im 19. und 20. Jahrhundert haben – ohne lehramtliche Beanstandung – die Auffassung vertreten können, daß ein Schwangerschaftsabbruch mindestens dort erlaubt sei, wo er notwendig scheine, um das Leben der Mutter zu retten. Denn es sei nach den Regeln der Güterabwägung besser, wenn man das Leben des Kindes opfere, als wenn man Mutter und Kind sterben lasse. Beim heutigen Stand der Medizin dürften solche Fälle nicht häufig sein.
Sicher nicht zu rechtfertigen ist hingegen eine Abtreibung dort, wo nicht das Leben der Mutter auf dem Spiel steht, aber durch die Schwangerschaft eine geringere gesundheitliche Beeinträchtigung zu erwarten ist. Soweit eine christliche Bewertung des menschlichen Lebens gegeben ist, wird die Mutter auch große Opfer für ihr Kind auf sich nehmen.

Die indirekte Tötung

Die kirchliche Tradition macht einen wesentlichen Unterschied zwischen Abtreibung (absichtliche und direkte Tötung der Leibesfrucht) und indirekter Tötung des Embryos. Letztere wäre gegeben, wenn der Abgang der Leibesfrucht nicht das unmittelbare Ziel des Eingriffs ist, sondern wenn dieser eine entsprechend wichtige andere Wirkung intendiert (z. B. bei einer Krebsoperation), wobei es dann als Nebenfolge zum Abgang der Leibesfrucht kommt. Eine indirekte Tötung ist auch dann gegeben, wenn der Abortus vorauszusehen ist. Natürlich muß ein wirklich schwerwiegender Grund für einen solchen Eingriff vorliegen.

Allerdings würde eine zu mechanische Unterscheidung zwischen einer unerlaubten direkten und einer erlaubten indirekten Tötung in Einzelfällen zu absurden Konsequenzen führen. So berichtet B. Häring[3] von einem Chirurgen, der, um das Leben der Mutter zu retten, vor der Wahl stand, entweder den ganzen Uterus mitsamt dem Embryo herauszuschneiden oder nur die Leibesfrucht zu entfernen, und dadurch der Frau die Gebärfähigkeit zu erhalten. Im ersten Fall hätte die Tradition von einer indirekten Tötung und deswegen von einer erlaubten Handlung gesprochen, während die zweite Möglichkeit als direkte Tötung verurteilt worden wäre. – Eine solche Sicht wird man heute für absurd halten. Wenn in beiden Fällen das Kind sterben muß, dann ist wohl jene Operation vorzuziehen, die der Frau die Gebärfähigkeit erhält und dadurch geringeren Schaden stiftet.

Aus dieser Auffassung folgt aber, daß eine rein objektivistische Unterscheidung zwischen direkter und indirekter Tötung nicht genügt. Es kommt nicht sosehr darauf an, ob die Operation rein objektiv zunächst die Entfernung des Embryos auch rein äußerlich als bloße Nebenfolge erscheint. In einer rein objektivistischen Sicht wäre es auch nicht erlaubt, einen Abortus herbeizuführen, wenn er die einzige Möglichkeit wäre, um die Mutter zu retten, obwohl das Kind in jedem Fall verloren ist. Es wäre dann sittlich gesehen richtiger, Mutter und Kind sterben zu lassen, als durch die Beseitigung der Leibesfrucht wenigstens das Leben der Mutter zu retten. In einer mehr ganzheitlichen, personalen Sicht wäre hingegen ein solcher Eingriff wohl erlaubt.

Umgekehrt erscheint bei einem objektivistischen Denken eine Operation sehr bald als zulässig, die in sich ein gutes Ziel hat, bei der aber der Abortus als Nebenfolge vorauszusehen ist. In einer ganzheitlichen Sicht würde diese Einstufung des Abortus als Nebenfolge die Operation nicht so leicht als erlaubt erscheinen lassen, sondern nur dann, wenn das angestrebte Ziel sehr wichtig ist und die Operation nicht mehr so lange hinausgeschoben werden kann, daß eine Rettung des Kindes möglich wäre.

Abtreibung und gesellschaftliche Verantwortung

Eine Frau wird eine Abtreibung nicht aus bloß bösem Willen durchführen lassen, sondern meist in einem schweren Konflikt, aus dem sie keinen andern Ausweg sieht. Es genügt deshalb nicht, die Abtreibung zu verurteilen, sondern es ist zu fragen, wie solche Konflikte vermieden werden können[4]. Besonders wichtig sind dabei zunächst die sozialen Maßnahmen. Eine schwangere Frau braucht eine entsprechende Beratung, vielleicht auch finanzielle Hilfe, eine größere Wohnung, ein Heim, in das sie sich zurückziehen kann, um nicht dem Gerede ihrer Umgebung ausgesetzt zu sein usw. In manchen Staaten bieten heute Organisationen auf eine sehr wirksame Weise solche Hilfe an.
Durch die Schwangerschaft kann eine Frau u. U. in eine Situation gebracht werden, in der ihre Verantwortlichkeit wegen Angst, Zwang usw. vermindert ist. Entscheidend ist dann oft die Einstellung der Umgebung. Wenn etwa der Vater des Kindes die Abtreibung will, wird sie die Frau auch häufig durchführen lassen. Würde man ihr dagegen Mut machen, dann wäre sie ebenso fähig, das Kind auszutragen. Die Abtreibung darf nicht als ein bequemes und vernünftiges Mittel zur Lösung von Problemen dargestellt werden. Sie mag im Augenblick einige Probleme beseitigen, aber sie kann die Frau im weiteren Verlauf ihres Lebens oft schwer belasten. Der Mann oder sonstige Ratgeber können sich leichter aus der Affäre

ziehen. Aber die Frau, die ihr Kind hat abtreiben lassen, muß nun mit dieser Tatsache leben.

Zum Verhältnis von Sittlichkeit und Recht

Das Strafrecht eines Staates ist nicht einfach mit den Sittennormen identisch. Der Staat kann im Interesse des Gemeinwohls die Ehescheidung zulassen, weil oft eine nur scheinbar gelebte Ehegemeinschaft für die Partner und für evtl. Kinder nachteiliger sein kann, als wenn das Mißlingen solcher Ehen auch staatlich geregelt wird. Deshalb wird der Staat die Ehescheidung nicht als gut betrachten, aber er wird das Scheitern von Ehen in seinem Recht berücksichtigen. – Ähnlich kann der Staat etwa die Prostitution dulden, um sie medizinisch und rechtlich besser zu kontrollieren und nicht in einen unkontrollierbaren Untergrund abzudrängen.

Auch bei der Abtreibung ist nicht von vornherein gesagt, daß sie immer strafrechtlich verfolgt werden müßte. Es ist vielmehr zu überlegen, ob eine völlige Verurteilung, eine begrenzte Duldung oder eine allgemeine Freigabe dem Gemeinwohl mehr dienen kann. Dabei ist zu bedenken, daß es auch einen inneren Zusammenhang zwischen Sittennormen und staatlichem Recht gibt. Selbstverständlich kann das Strafrecht nicht jede einzelne Sittenfrage regeln. Es kann sich nur auf Dinge beziehen, die für das Zusammenleben im Staat wichtig sind. Wenn aber in solchen Fragen das Strafrecht von der Moral abweicht, dann bedeutet das, daß das Gewissen der Bürger im Sinne der strafrechtlichen Regelung beeinflußt wird. Die Freigabe der Abtreibung hat deshalb auch den Charakter einer Formung des Gewissens im Sinne größerer Unbedenklichkeit.

Der Gesetzgeber kann deshalb bei schwerwiegenden Unrechtsfällen nur dann auf eine Strafverfolgung verzichten, wenn er mit guten Gründen erwarten darf, daß so der Schaden nicht ausgeweitet, sondern begrenzt wird[5]. Erwartungen in dieser Richtung sind bei den Gesetzesreformen über Abtreibung bisher nur zu einem geringen Teil in Erfüllung gegangen. Insbesondere haben die illegalen, geheimen Abtreibungen durch Unbefugte offenbar kaum abgenommen. So wird man nach wie vor der neuen Gesetzgebung über Abtreibung sehr kritisch gegenüberstehen müssen.

Man wird zwar aus der Sicht einer christlichen Moraltheologie nicht zu den Strafandrohungen gegenüber den abtreibenden Frauen zurückkehren wollen, weil diese Frauen ja sehr häufig unter schwerem Druck stehen und ohnehin oft schweres Leid zu tragen haben. Anders verhält es sich schon mit denen, die abtreiben, wenn sie das z. B. ohne genügende medizinische Qualifikation tun oder sonst in fahrlässiger und grober Weise der Gesundheit und dem Wohl ihrer Klienten schaden oder auch aus bloßem finanziellen Interesse werdende Mütter zur Zustimmung drängen, bei denen kein verständlicher Grund vorliegt, und die das vielleicht auch von sich aus nicht unbedingt wollen.

Man wird fragen müssen, ob die Gesetzgebung wirklich alle Möglichkeiten ausschöpft, um das Übel der Abtreibung möglichst gering zu halten. Werden die Gründe, die Frauen zur Abtreibung veranlassen, ausreichend untersucht? Ist die Beratung der Abtreibungswilligen so geregelt, daß noch die Möglichkeit zu einem Umdenken besteht? Stehen finanzielle Mittel und personelle Kräfte zur Verfügung, Schwangeren in Notlagen zu helfen? Gibt es eine wirksame Aufklärung über die Probleme der Abtreibung, damit einer unerwünschten Schwangerschaft besser vorgebeugt wird?

Es geht der Kirche nicht um Strafe, im Gegenteil: Sie hat auch die Barmherzigkeit Gottes gegenüber dem Unrechtstäter auszudrücken. Aber es muß ihr daran gelegen sein, daß alles getan wird, um das werdende Leben zu erhalten und den Frauen in ihrer Not gangbare Alternativen anzubieten. Es wird in diesem Zusammenhang aber auch nicht genügen, Frauen nur dazu zu bringen, daß sie ihr Kind austragen, sondern es wird ebenso erforderlich sein, auch nach der Geburt Hilfen bereitzustellen, damit sich die Frauen mit ihren Problemen nicht alleingelassen fühlen.

Anmerkungen

1 Vgl. H. Pammer und R. Weiler (Hrsg.), Volle Menschenrechte für das ungeborene Kind. Wien–München 1980; bes. S. 49–66.

2 Dazu das erschütternde Buch von M. Denes, Der Eingriff. Berichte aus einer Abtreibungsklinik. Graz 1978.

3 B. Häring, Das Gesetz Christi, Bd. III. Freiburg [8]1967, 226.

4 Dazu F. Böckle (Hrsg.), Schwangerschaftsabbruch als individuelles und gesellschaftliches Phänomen. Düsseldorf 1981. Vgl. auch W. Siebel u. a., Soziologie der Abtreibung. Empirische Forschung und theoretische Analyse. Stuttgart 1971.

5 Instruktive Beiträge besonders auch zur juridischen Problematik der Abtreibung in: Hoffacker/Steinschulte/Fietz (Hrsg.), Auf Leben und Tod. Abtreibung in der Diskussion. Bergisch Gladbach 1985. – Zur Situation in Österreich: R. Sagmeister, Fristenlösung – Wie kam es dazu? Salzburg 1981.

Probleme der Organtransplantation

Die Organtransplantation[1] hat in den letzten Jahren und Jahrzehnten einen ungeahnten Aufschwung genommen. Besonders seit man die Abwehrreaktion des menschlichen Körpers immer besser in den Griff bekommt, sind erstaunliche Leistungen vollbracht worden. Man denke nur an die immer etwas sensationell wirkenden Herztransplantationen. Aber gerade diese Maßnahmen werfen immer auch ethische Fragen auf. Man erinnere sich etwa an die Transplantation eines Pavianherzens an ein Baby in den USA. Im folgenden sollen ganz kurz einige dieser Fragen angeschnitten und dazu jeweils auch eine kurze Antwort aus der Sicht der Moraltheologie versucht werden. Besonders sind zwei Gruppen von Problemen zu unterscheiden, nämlich die Probleme, die den Organempfänger betreffen, und diejenigen, die den Organspender angehen.

Probleme des Organempfängers

Zunächst stellt sich die Frage, wieweit eine Transplantation vom Empfänger her zu verantworten ist. Hilft man ihm wirklich oder verlängert man nur sein Leiden und weckt Erwartungen, die dann schließlich doch bitter enttäuscht werden?

Nach kirchlicher Lehre muß man wohl die meisten Transplantationen als „außerordentliche Mittel" betrachten, zu deren Zulassung der Empfänger nicht verpflichtet ist. Er hat in der Regel das Recht, eine Transplantation abzulehnen. Dahinter steht der Gedanke, daß der Mensch auch das Recht auf einen natürlichen und menschenwürdigen Tod hat und nicht als eine Maschine betrachtet werden darf, an der man immer noch einmal herumflickt ohne Rücksicht auf die Belastung, die das für den Patienten mit sich bringt. Allerdings ist die Frage, ob der Patient zustimmt, natürlich immer verbun-

den mit der Art, wie man ihm den Eingriff nahebringt und wie weit man ihn dazu motiviert.
Wenn echte Heilungschancen bestehen, dann ist es auch berechtigt, auf den Patienten entsprechend Einfluß zu nehmen. Dabei gibt es selbstverständlich Randfälle. Gerade bei der Anwendung einer neuen Methode wird man zunächst ein häufigeres Mißlingen in Kauf nehmen müssen. Trotzdem ist auf die menschlichen Rechte und die Würde des menschlichen Lebens voll Rücksicht zu nehmen. Besonders bei einem Kind ist dabei auch an die Angehörigen zu denken, denen man vielleicht große Hoffnungen macht, die dann umsomehr enttäuscht werden können. Es muß also insgesamt ein gutes Verhältnis zwischen Heilungschancen und der notwendigen Belastung des Patienten gegeben sein.
Wenn hingegen eine Situation gegeben ist, in der der Patient ohne Transplantation praktisch keine Überlebenschance hat, darf sicher auch ein sehr großes Risiko eingegangen werden, wie es besonders neue, noch nicht genügend erprobte Verfahren mit sich bringen, wenn das auch dem Willen des Patienten entspricht.
Eine weitere Frage betrifft das Recht des Patienten auf Transplantation. Je dringender die Transplantation für die Erhaltung des Lebens und der Gesundheit ist, desto größer ist sicher auch das Recht des betreffenden Patienten. Dieses Recht steht prinzipiell höher als das Recht eines Verstorbenen auf die Unversehrtheit des Leichnams. Natürlich wird man in fremde Rechte nur soweit eingreifen, wie es unbedingt erforderlich ist. Man wird also bemüht sein, Transplantate zunächst dort zu entnehmen, wo eine entsprechende Einwilligung des Verstorbenen oder der Verwandten vorhanden ist. Wenn eine solche Zustimmung aber nicht gegeben wird oder nicht eingeholt werden kann und die Transplantation dringend ist, dann wird man in akuten, dringenden Fällen auch ohne derartige Erlaubnis ein Transplantat entnehmen können, weil die Erhaltung von Leben und Gesundheit eines Patienten wichtiger ist als die Unversehrtheit eines Leichnams. Jedoch darf auch diese nicht geringgeschätzt werden

und ist zu wahren, soweit die Entnahme des Transplantates nicht einer akuten Notwendigkeit entspricht bzw. andere Möglichkeiten bestehen, dem wartenden Patienten zu helfen. Nach Meinung vieler Autoren ist eine Organentnahme dort auszuschließen, wo den Ärzten eine eindeutige ablehnende Willensäußerung der Angehörigen oder des Verstorbenen selbst bekannt ist, selbst wenn der Patient nur durch eine augenblickliche Übertragung gerettet werden könnte. Es wird schwer zu entscheiden sein, wie weit man hier den Anspruch des noch lebenden Patienten oder die willentliche Verfügung von Angehörigen, bzw. des Verstorbenen selbst über den Leichnam, bevorzugen darf. Es lassen sich Gründe für beide Standpunkte anführen.

Gerade bei einer Technik, die sich in einer so stürmischen Entwicklung befindet, werden manche Maßnahmen leicht den Charakter von Experimenten haben. Wie weit sind solche hier zu verantworten? Es liegt in der Natur der Sache, daß bei Organübertragungen relativ häufig Situationen auftreten werden, wo neue Methoden zur Erprobung kommen, deren Erfolg relativ ungewiß ist. Auch hier ist das Prinzip der Güterabwägung anzuwenden. Je geringer die Chancen des Kranken sind, durch eine andere Methode Hilfe zu bekommen, desto eher wird man sich entschließen, das Risiko der neuen Methode einzugehen.

In solchen Fällen mag durchaus auch das wissenschaftliche Interesse eine Rolle spielen. Es ist ja auch wertvoll, wenn man neue Erkenntnisse gewinnt, die dann für die Behandlung weiterer Patienten nützlich sein können. Allerdings darf ein Patient nicht in dem Sinn zum Versuchskaninchen werden, daß man im Interesse anderer Patienten Dinge an ihm ausprobiert, die nicht auch im Interesse dieses einen liegen, die sogar im Blick auf ihn abgelehnt werden müssen. Wo die Grenze zwischen erlaubt und unerlaubt verläuft, ist hier nicht immer leicht zu unterscheiden. Wichtig ist, daß man den Willen hat, das Leben und die Würde jedes einzelnen Patienten zu schützen und ihn nicht zu hintergehen, auch wenn das für andere nützlich wäre.

Selbstverständlich sind bei der Einführung neuer Techniken immer erst die Möglichkeiten des Tierexperimentes voll auszuschöpfen, bevor man das Risiko eines Versuchs am Menschen auf sich nimmt.
Bei der Diskussion um die ethische Zulässigkeit von Organverpflanzungen spielen auch die Kosten, die hier manchmal sehr hoch sind, eine bedeutende Rolle. Zwar sollte man, wenn es um Leben und Gesundheit des Menschen geht, die Kostenfrage nicht für die entscheidendste halten. Aber sie kann doch auch nicht einfach unbeachtet bleiben. Es wird öfter darauf hingewiesen, daß man mit dem Geld, das heute für Transplantationen und Intensivmedizin verwendet wird, viel mehr zur Gesundheit und Lebensverlängerung von Menschen tun könnte, wenn man es etwa für die Präventivmedizin verwenden würde.
Man fragt sich auch, wie weit es richtig ist, daß immer teurere Apparate installiert werden und gleichzeitig der Versuch gemacht wird, bei den Personalkosten und bei der persönlichen Betreuung des Kranken durch die Schwester und den Pfleger zu sparen. Nach kirchlicher Tradition können hohe Kosten jedenfalls ein Grund sein, um auf bestimmte Behandlungsmethoden bewußt zu verzichten. Das kann man selbstverständlich nicht einfach blind auf jeden einzelnen Fall anwenden, aber es ist doch ein wichtiger Gesichtspunkt. Man sollte nicht ohne Not besonders teure medizinische Maßnahmen ergreifen, insbesondere wenn der Erfolg nicht genügend sicher ist. Allerdings handelt es sich um eine Frage, mit der nicht nur der einzelne Patient konfrontiert ist, sondern noch mehr die Krankenkassen und die zuständigen staatlichen Stellen, die darüber entscheiden können, für welche Bereiche der Medizin die verfügbaren Mittel eingesetzt werden.

Probleme des Organspenders

Während des Zweiten Weltkrieges hat die Transplantationschirurgie ganz erhebliche Fortschritte gemacht. Damit entstand dann auch die Diskussion, wie weit es erlaubt sei, daß ein gesunder Mensch ein Transplantat abgibt und dadurch seine Gesundheit und seine Lebenschancen verschlechtert. Zwar geht der Trend heute eindeutig dahin, Transplantate möglichst von Verstorbenen zu entnehmen, aber es kann auch heute noch Fälle einer Entnahme von Organen aus einem lebenden Spender geben. Die Moraltheologie betont dazu, daß zwar das Spenden eines Organs nicht zum Selbstmord werden darf, daß es aber erlaubt ist, z. B. von einem paarig vorhandenen Organ das eine zu entnehmen und dadurch einen Nachteil und ein höheres Risiko für die eigene Gesundheit in Kauf zu nehmen. Im günstigsten Fall wird dann das noch zurückgebliebene Organ, z. B. die eine Niere, sich in seiner Leistung an die Erfordernisse anpassen und so den Verlust kompensieren. Selbstverständlich ist mit einer solchen Organspende immer auch ein erhöhtes gesundheitliches Risiko gegeben, wenn z. B. das allein verbliebene Organ nun erkrankt.

Anmerkung

1 Eine umfangreiche Darstellung der traditionellen moraltheologischen Bewertung der Organtransplantation sowie medizinischer Aspekte und der heutigen Sicht der Moraltheologie bringt W. Ruff, Organverpflanzung. Ethische Probleme aus katholischer Sicht. München 1971. – Ein Sammelwerk mit Schwerpunkt auf ethischen und juristischen Aspekten stammt von dem katholischen Moraltheologen J. G. Ziegler (Hrsg.), Organverpflanzung. Medizinische, rechtliche und ethische Probleme. Düsseldorf 1977. – Einen ähnlichen Sammelband von seiten der evangelischen Ethik präsentiert M. Honecker (Hrsg.), Aspekte und Probleme der Organverpflanzung. Neukirchen-Vluyn 1973.

Tierexperimente

In der heutigen Zeit ist eine vermehrte Sensibilität für die Natur zu beobachten. Man hat offenbar begriffen, daß diese gefährdet ist und wie sehr der Mensch sie braucht. Von dieser neuen Einstellung her ergibt sich aber immer wieder auch Kritik an üblichen Verhaltensweisen in unserer Kultur. Man kämpft gegen den Walfang, gegen das Robbenschlachten, gegen den Handel mit seltenen Vögeln. Manche verurteilen sogar mit Berufung auf das 5. Gebot prinzipiell jeden Genuß von Fleisch und fordern eine rein vegetarische Kost. Solche Bewußtseinsentwicklungen haben neuerdings auch die Tierexperimente der Medizin in die Schußlinie heftiger Kritik gebracht. Man sieht in diesen Versuchen eine Tierquälerei, die nicht notwendig ist und deren Erkenntnisse auf den Menschen nicht übertragen werden können.

Zunächst darf man Tierversuche[1] aus medizinischen Gründen nicht einfach mit den verschiedensten Formen von Tierquälerei gleichsetzen. Diese werden ja heute in großem Umfang vorgenommen, ob es sich nun um die Gewinnung von Froschschenkeln handelt oder um Tierkämpfe, um das Halten von Hühnern in Legebatterien, um das Fangen von Tieren in Fallen, in denen sie dann oft qualvoll zugrunde gehen, um den Vogelfang mit Netzen usw.: Tiere werden massenhaft qualvoll getötet, insbesondere um dem Menschen als Nahrung zu dienen.

Manche Formen des Tötens von Tieren sind entbehrlich und sollten abgeschafft werden, andere bleiben vielleicht notwendig, um die nötige Nahrung für den Menschen zu beschaffen. Der Mensch tut ja dadurch, daß er Tiere zu seiner Ernährung tötet, prinzipiell nichts anderes, als was auch Tiere untereinander tun und was notwendig ist, um ein ausreichendes Gleichgewicht in der Natur herzustellen. Würde der Mensch auf reine Pflanzenkost übergehen, dann gäbe es heute, besonders in der dritten Welt, größte Schwierigkeiten, ausreichende Lebensmittel zu beschaffen. Anderseits müßten dann größere

Raubtiere wieder eingeführt werden, um das Überhandnehmen mancher Tierarten zu begrenzen und eine zu starke Übernutzung der Natur zu verhindern. Wo Leben ist, muß es eben auch Tod geben.

Wie ist nun in diesem Zusammenhang das Tierexperiment zu sehen? Hier ist es wichtig, sich etwas konkreter vorzustellen, worum es sich bei diesen Tests handelt. Da gibt es einmal sehr verschiedene Tierarten, die verwendet werden. Es ist ein großer Unterschied, ob mit Bakterien, mit Insekten oder mit Säugetieren experimentiert wird. Von den Säugetieren, an denen Versuche gemacht werden, sind 90 bis 95 Prozent Ratten und Mäuse. Größere Säugetiere wie Kaninchen, Katzen, Hunde, Schweine, Pferde und Affen werden schon aus finanziellen Gründen sehr wenig verwendet.

An wissenschaftlichen Instituten wird bei diesen Versuchen gewöhnlich mit großem Verantwortungsbewußtsein und äußerster Behutsamkeit vorgegangen. Wenn Experimente schmerzhaft sind, werden die Tiere in aller Regel anästhetisiert. Die Bedingungen der Lebenshaltung sind an solchen Instituten in der Regel ebenfalls erheblich besser als dort, wo es um ausschließlich wirtschaftliche Gesichtspunkte geht. Illustriertenberichte grausiger Art mögen zwar auf Wahrheit beruhen, wie es ja überall auch einmal Fälle des Mißbrauchs und der Verantwortungslosigkeit gibt, sind aber statistisch sicher extrem selten.

Experimente an Tieren muß es zunächst einmal schon innerhalb der Veterinärmedizin selbst geben. Man kann Tiere nur medizinisch behandeln, wenn man die entsprechenden Operationen oder Medikamente erst einmal ausprobiert hat. Das völlige Verbot aller Tierexperimente müßte praktisch auch das Ende der Veterinärmedizin mit sich bringen.

In der gegenwärtigen Diskussion geht es allerdings in der Regel um Tierexperimente, die im Interesse des Menschen durchgeführt werden. Hier wird schon eingewendet, daß doch die Ergebnisse solcher Tests auf den Menschen gar nicht übertragbar seien. Es ist richtig, daß es hier Schwierigkeiten gibt und daß man nicht unkritisch vom Tier auf den Menschen schließen darf. Hier ist im Einzelfall genau zuzusehen. Aber selbstverständlich gibt es auch Experimente, deren Ergebnis ganz eindeutig übertragbar ist. Wenn z. B. ein Chirurg die Herztransplantation erst bei Tieren übt, bevor er sie an einem Menschen durchführt, dann wird niemand zweifeln, daß solche Tierversuche nützlich und notwendig sind, bevor man diesen Eingriff am Menschen verantworten kann. – Ob eine bestimmte Substanz beim Menschen Krebs auslöst, kann zwar an Tieren nicht so eindeutig festgestellt werden, aber hier ist schon viel gewonnen, wenn man einen derartigen Verdacht im Tierexperiment bestärken oder entkräften kann. Die Frage der Übertragbarkeit des Ergebnisses von Tierexperimenten auf den Menschen ist in jedem Einzelfall zu überlegen. Von daher wird man manche, aber sicher nicht alle Tierversuche ablehnen können.

Tierexperimente sind ein Aspekt menschlicher Medizin überhaupt: Wenn es erlaubt ist, am Menschen zu experimentieren, dann muß es auch erlaubt sein, am Tier Versuche durchzuführen. Experimente am Menschen sind aber schon deshalb nicht zu vermeiden, weil ja jede Behandlungsmethode und jedes Medikament irgendwann einmal erstmalig angewendet werden müssen. Diese Erstanwendungen haben so lange den Charakter eines Experiments, bis gesicherte Erfahrungen und Techniken vorliegen, die die Folgen einer weiteren Anwendung mit hoher Wahrscheinlichkeit voraussehen lassen. Ganz ohne Experimente wird es also so lange nicht gehen, wie es medizinischen Fortschritt gibt.

Diese Überlegungen werden vermutlich unschwer einleuchten. Die eigentliche Kontroverse entzündet sich aber wohl nicht an der Tatsache, daß überhaupt Tierversuche angestellt werden, sondern daran, daß sie in so großer Zahl, mit solcher Grausamkeit und vielleicht manchmal auch zu Zwecken angestellt werden, die die Leiden nicht aufwiegen, welche den Tieren zugefügt werden. Da bringen die Medien das Bild von einer Katze, die auf dem Kopf einen Steckanschluß trägt, durch den man das Tier elektrisch reizen kann. Ebenso sehen wir das Bild eines Hundes mit zwei Köpfen oder einen Film über Kopftransplantationen an Affen. Diese Beispiele mögen extrem und selten sein, es gibt andere, die weniger auffällig, aber kaum weniger grausam und sinnlos sind. Da spritzt man Tieren Tusche ins Gehirn, um zu sehen, wohin die Flüssigkeit wandert. Da quält man eine Unzahl von Tieren, um neue Stoffe für die Kosmetik zu erproben usw.

Erschreckend ist auch die große Zahl der Tierversuche, die auf das Konto der Arzneimittelforschung gehen. Hier zeigt die Industrie offenbar ein Einsehen. So hat man allein in der BRD den Bedarf an Versuchstieren gegenüber 1977 um ein Drittel auf 2,8 Millionen im Jahr 1984 senken können. Es werden jedenfalls heute große Anstrengungen unternommen (wohl auch aus finanziellen Gründen!), die Tierversuche zu verringern.

Hier dürfte noch manche weitere Einsparung möglich sein, sei es durch verbesserte Diagnosemöglichkeiten, sei es durch eine bessere Koordination der Forschung in verschiedenen Ländern, sei es durch das Ersetzen von Versuchstieren durch Zellkulturen u. dgl.

Bei der Durchführung von Tierexperimenten sind starke wirtschaftliche, wissenschaftliche und ähnliche Interessen im Spiel; ethische Gesichtspunkte kommen leicht zu kurz. Hier braucht es deshalb eine Kontrolle, die einerseits genügend sachkundig ist, um die Notwendigkeit und Zweckmäßigkeit einer Versuchsreihe beurteilen zu können, anderseits aber nicht nur die Interessen der medizinischen Wissenschaft und der Pharmaindustrie vertritt, sondern sich auch dem Tierschutz und den damit verbundenen rechtlichen und ethischen Aspekten verpflichtet weiß. Das Versuchstier darf nicht als bloßes Material betrachtet werden, das man, soweit die finanziellen Mittel reichen, beliebig benützen kann.

Immer wieder begegnet man dem Einwand, es sei eine Perversion, sich so für Tiere einzusetzen, solange Menschen in aller Welt zu leiden haben; es sei unethisch, veterinärmedizinische Einrichtungen zu schaffen, solange die Humanmedizin nicht ausreichend ausgestattet ist; man könne nicht große Geldsummen für den Tierschutz einsetzen, wenn man mit dem gleichen

Geld das Leben hungernder und leidender Menschen retten könnte.

In diesem Einwand steckt sicher eine richtige Einsicht. „Es ist nicht recht, das Brot den Kindern wegzunehmen und es den Hunden vorzuwerfen“ (Mt 15,26). Der Mensch steht durch sein Personsein höher als das Tier, und dort wo eine unmittelbare Pflichtenkonkurrenz auftritt, ist dem Menschen zuerst Hilfe zuzuwenden. Deshalb ist es auch gerechtfertigt, Tierversuche im Interesse der Bekämpfung menschlichen Leides durchzuführen.

Aber sehr häufig geht es nicht um einc solche Alternative. Die Sorge für das Tier widerspricht gewöhnlich nicht der Verantwortung gegenüber dem Menschen. Man kann vielmehr feststellen, daß gerade Menschen, die sich viel mit Tieren beschäftigen und sie lieben, auch gegenüber ihren Mitmenschen einfühlsamer, umgänglicher und hilfsbereiter sind. Eine Kultur, in der man gefühllos und rücksichtslos mit Tieren umgehen würde, würde sicher auch in den zwischenmenschlichen Beziehungen eine gewisse Gefühllosigkeit aufweisen. Man kann z. B. schon bei Kindern feststellen, daß diejenigen, die sich viel mit Haustieren beschäftigen konnten, auch umgänglicher gegenüber ihren menschlichen Spielkameraden sind als solche, denen der Kontakt mit dem Tier bisher gefehlt hatte. Freilich gibt es auch den Fall, wo besonders ältere Menschen, die in ihrem Leben Schlimmes erlebt haben und resigniert und verbittert sind, sich nun in extremer Weise Tieren zuwenden und ihr ganzes Bedürfnis nach Lieben- und Pflegenkönnen nun ausschließlich Tieren zuwenden. Aber ein solches Verhalten ist eben Symptom einer tieferen Lebensproblematik, die nicht dadurch zu bewältigen ist, daß man von diesen Menschen um der rechten Wertordnung willen wieder mehr Zuwendung zu ihren Mitmenschen verlangt und ihnen die Sorge um Tiere auszureden versucht.

Es muß bei aller Notwendigkeit von Tierversuchen immer auch dem sittlichen Aspekt Rechnung getragen werden. Der Mensch hat solche Pflichten gegenüber dem Tier nicht bloß, weil er die Gefühle seiner Mitmenschen schonen muß, die an der Tierquälerei Anstoß nehmen könnten, oder weil Tierquälerei auf den Menschen verrohend wirken würde. Die tiefere Begründung liegt darin, daß das Tier als empfindungs- und leidensfähiges Wesen mehr ist als ein bloßes Objekt und daß auch im Tier symbolhaft etwas von dem aufscheint, was wir meinen, wenn wir die Natur als Schöpfung Gottes betrachten. Wir glauben, daß wir in der Natur Gott selbst finden können. Das heißt aber umgekehrt, daß wir im Mißbrauch der Natur uns auch gegen den Schöpfer selbst verfehlen. Der Mensch sollte einsehen, daß die Einheit von Leib und Seele auch besagt, daß die Natur als Verlängerung der menschlichen Leiblichkeit an der Würde unseres Menschseins teilhat und wohl auch zu der „neuen Erde" berufen ist, auf die wir Menschen hoffen (2 Petr 3,13; Offb 21,1).

Anmerkung

1 Einen kurzen Überblick über diese Thematik bieten: K. Allgeier, Tierexperimente – Pro et contra (Goldmann Sachbuch 11277). München 1980; und G. M. Teutsch, Tierversuche und Tierschutz (Beck'sche Schwarze Reihe Bd. 272). München 1983.

Hat das Leid einen Sinn?

Das Leben des Menschen bringt immer auch Leid mit sich. Die Frage nach dem Sinn dieses Leidens ist eine der Urfragen des Menschen. Besonders drängend stellt sie sich natürlich, wenn jemand schwer erkrankt oder wenn es auf den Tod zugeht. Dieses Problem stellt sich dann aber nicht nur für den Betroffenen selbst, sondern auch für die Umgebung, von der der Patient Hilfe oder wenigstens eine Antwort erwartet.
Die Einstellung zum Leid ist nicht immer die gleiche gewesen. Im folgenden soll zunächst kurz etwas über die Geschichte des Leidensverständnisses gesagt werden, bevor die Frage in einem christlichen Sinn zu entfalten ist.

Das Verständnis des Leides in der Geschichte

In früheren Jahrhunderten war der Mensch mit dem Leid, besonders mit körperlichen Schmerzen sehr viel stärker konfrontiert als heute. Die ärztliche Versorgung war weithin unzulänglich. Krankenhäuser standen nur in geringem Ausmaß zu Verfügung oder waren aus finanziellen Gründen für viele nicht zugänglich. Im Normalfall blieb der Kranke zu Hause und starb auch dort. Seine Umgebung mußte also sein Leiden mit ansehen und war dadurch mitbetroffen.
Dazu kam, daß man kaum Mittel besaß, um Schmerzen zu lindern. Wenn jemand eine Blinddarmentzündung bekam, dann starb er eben an „Bauchgrimmen". Auch da, wo es eine medizinische Betreuung gab, konnten Schmerzen nicht im heutigen Sinn ausgeschaltet werden. Die Narkose im modernen Sinn ist ja eine Errungenschaft der letzten hundert Jahre. Früher versuchte man manchmal, etwa vor einer Operation, den Patienten mit Hilfe von Rauch und verschiedenen Dämpfen bewußtlos zu machen. Ein solcher Versuch verlief aber nicht selten tödlich, sodaß man es oft vorzog, den Patienten bei vollem Bewußtsein zu behandeln.

Unter solchen Umständen ist es begreiflich, daß man dem Leid mit einer ausgesprochen religiösen Einstellung begegnete. Man konnte es nicht ausschalten, man konnte die Frage nach dem Sinn des Leides nicht verdrängen, man suchte die Kraft zum Durchhalten bei Gott. Verbreitet war die Deutung, das Leid sei eine Strafe für begangene Sünden. Man nahm entweder an, daß man selbst etwas Böses getan hatte oder daß man für die Fehler und Sünden anderer büßen mußte. Aber wie man das auch näher erklärte, jedenfalls warf das Leid religiöse Fragen auf, und man suchte Antwort und Hilfe bei Gott. So knieten sich etwa vor einer schweren Operation der Arzt und das Pflegepersonal erst hin, um zu beten, bevor man den Patienten festband und Skalpell und Säge ansetzte.
Mit der Krise, in die die Religiosität im 18. und besonders im 19. Jahrhundert geriet, und mit dem Versuch, die Welt ohne Gott, etwa im Sinne des Materialismus, zu erklären, mußte dann auch eine religiöse Sicht der Krankheit ihre Überzeugungskraft verlieren. Es war nun allerdings nicht leicht, eine andere Sinngebung zu finden. Besonders kennzeichnend sind die Versuche des Marxismus, mit dem Problem des Leides zurechtzukommen. In einer materialistischen Sicht des Lebens ohne den Glauben an Gott und die Auferstehung kann ja an sich das Leid kaum einen Sinn haben. Sinnvoll ist für den Menschen eben das Glück, sinnvoll sind die guten Erfahrungen des Lebens, aber das Leid könnte ja dann kaum eine positive Funktion haben. Der Marxismus kommt deshalb zu dem Schluß, daß es Leid eigentlich nicht geben dürfe. Es ist Sache des einzelnen und vor allem auch der Gesellschaft, es aus dem menschlichen Leben fernzuhalten. Wo es noch Leid gibt, ist das ein Vorwurf an die Gesellschaft, jedenfalls soferne es sich um vermeidbares Leid handelt. Das unvermeidbare muß eben hingenommen werden. Es ist dem Marxismus zuzugestehen, daß vermeidbares Leid nicht vertuscht werden soll, denn sonst würde es nur weiterdauern, und niemand würde sich darum kümmern. Leid soll vielmehr vernehmbar gemacht werden. Die Betroffenen sollen sich nicht mit ihrem Zustand abfinden, sondern sich dagegen aufbäumen, sie sol-

len protestieren und dadurch über kurz oder lang eine Abhilfe erzwingen. Das Leid soll also zu einem Ansporn für die Gesellschaft werden, daß in einer revolutionären Veränderung der herrschenden Zustände eine bessere Welt ohne Leid geschaffen werde.

Es ist sehr die Frage, ob eine solche Theorie tatsächlich genügt. Zunächst wird hier der einzelne zu einem Werkzeug für eine ideale Zukunftsgesellschaft degradiert. Man hilft dem Leidenden nicht mehr, sich selbst mit dem Leid abzufinden und dabei einen gewissen inneren Frieden zu erreichen. Man versucht sogar, den einzelnen im Gegenteil noch unzufriedener zu machen, damit er sich deutlicher auflehne und seinen Protest in der Gesellschaft besser vernehmbar mache. Es soll also nicht dem einzelnen geholfen werden, sondern sein Leid soll dazu beitragen, daß künftige Generationen leidloser und glücklicher leben können.

Es mag sein, daß ein solcher Protest da und dort eine Wirkung hat und vielleicht manche soziale Maßnahme herbeiführen kann. Aber daß es im Leben überhaupt kein Leid mehr geben wird, kann man sich ja wirklich nicht erhoffen. Es wird immer Krankheit geben, es wird immer auch ein gewisses Maß an körperlichen Schmerzen geben, und vor allem wird es Leid auf einer psychischen Ebene geben, insbesondere in den zwischenmenschlichen Beziehungen. Wenn ein Mensch einem anderen die Treue nicht hält, wenn jemand verleumdet wird, wenn jemand versagt, weil er mit seinen Anlagen und Kräften einer bestimmten Aufgabe nicht gewachsen ist, dann ist ja auch Leid unausweichlich. Daß man all das aus der Welt schaffen kann, wird wohl niemand glauben. Für diese Probleme aber hat der Marxismus keine Antwort mehr.

Häufig versucht man nun, einer solchen Verlegenheit dadurch zu entgehen, daß man dann eine Frage als unberechtigt und sinnlos erklärt. Es dürfe eben nicht nach dem Sinn des Leides gefragt werden, weil es einen solchen nicht gebe. Nach dem Sinn des Leides zu forschen, wäre ebenso unsinnig, wie wenn jemand sonst in einem wertlosen Gegenstand einen Wert suchen würde.

Allerdings wird sich mit einer solchen Antwort ein Leidender selbst nie abfinden können. Er wird immer die Frage nach dem Warum und nach dem Wozu stellen. Er stellt die Frage, um eine Hilfe zur Bewältigung seiner Situation zu bekommen. Wenn ihm eine Weltanschauung nur sagt, seine Frage sei unsinnig, dann muß das Enttäuschung bringen. Der Wert einer Weltanschauung bzw. eines Glaubens hängt ja gerade auch davon ab, ob sie eine Antwort auf die existentiellen Fragen des Menschen geben können.

Zum anthropologisch-christlichen Sinn des Leides

Wenn man versucht, von einem christlichen Standpunkt her die Frage nach dem Sinn des Leidens zu beantworten, dann muß man zunächst verschiedene Ebenen unterscheiden. Das Leid ist nicht einfach als Ganzes ein von Gott gewolltes Phänomen. Es ist vielmehr auch zu verstehen von gewissen naturhaften Gegebenheiten her. Man unterscheidet deshalb den Schmerz auf der biologischen Ebene, das Leid auf der psychologischen Ebene und das Unglück in einem ganzmenschlichen Sinn.

1. Der Schmerz auf der biologischen Ebene

Niemandem ist der Schmerz unbekannt. Jeder hat einmal Zahnweh, oder er hat in die Brennesseln gegriffen oder sich mit einer Nadel gestochen. Eine solche Empfindung ist unangenehm, aber doch notwendig. Die Schmerzen haben hier die Funktion eines Warnsignals, wie etwa das Warnlämpchen, das bei einer komplizierten modernen Maschine aufleuchtet, wenn etwas nicht in Ordnung ist.

Aber die Schmerzen haben nicht nur diese Funktion der Warnung. Sie zeigen nicht nur an, wo ein Schaden entstanden ist, sondern sie stellen auch ein wirksames Motiv dafür dar, daß man dem Schaden Beachtung schenkt und alles tut, um ihm abzuhelfen. Schmerzen sagen nicht nur, daß z. B. ein Zahn in Unordnung ist, sondern sie plagen auch solange, bis man tatsächlich etwas unternimmt. Wenn die Schmerzen nicht unangenehm wären, dann wäre die menschliche Bequemlichkeit wahrscheinlich so groß, daß man eben in vielen Fällen nichts unternehmen würde, um Abhilfe zu schaffen. Insofern sind die Schmerzen eine wichtige Einrichtung der Natur. Es muß sie im Interesse der Erhaltung der leiblichen Gesundheit geben.

Allerdings geht der Schmerz gelegentlich über solche Warnfunktionen hinaus und verursacht selbst einen Schaden im Organismus. So kann ein Schock, der gewöhnlich dazu dient, daß übermäßige Schmerzen nicht mehr empfunden werden, selbst die Gesundheit gefährden oder gar zum Tod führen. Ähnlich ist es mit dem Schmerz. Besonders wenn er gar zu stark wird, kann er den Menschen geradezu lähmen und dadurch behindern, wirksame Gegenmaßnahmen zu ergreifen. Das hängt mit dem Sparsamkeitsprinzip in der Natur zusammen. Natürlich könnten die Organe der Schmerzempfindung so subtil gebaut sein, daß sie nur da reagieren, wo der Schmerz tatsächlich sinnvoll ist, und daß sie dann ausfallen, wenn der Schmerz selbst einen Schaden anrichten könnte. Aber dann müßten die Organe der Schmerzempfindung außerordentlich aufwendig eingerichtet sein, was wieder eine vermehrte Störungsanfälligkeit mit sich bringen würde. Es ist also einfach mit der Begrenztheit des organischen Lebens gegeben, daß der Schmerzempfindungsapparat manchmal auch zuungunsten des Menschen in Aktion tritt.

Wenn man also fragt, warum es Schmerzen in der Welt gibt, dann kann die Antwort auf der biologischen Ebene nicht heißen, daß Gott will, daß der Mensch leidet, oder daß Gott den Menschen nicht genügend liebt, um ihm ein schmerzloses Leben zu gönnen. Der Schmerz hängt vielmehr einfach mit der hohen Entwicklung des menschlichen Organismus zusammen und ist notwendig zur Sicherung der menschlichen Existenz.

2. Das Leid auf der psychologischen Ebene

Psychisches Leid gibt es im menschlichen Leben in tausend

Variationen. Man kann vielleicht nicht mit dem Menschen beisammen bleiben, den man liebt, weil er eigene Wege ins Leben geht oder auch weil er stirbt; man kann vielleicht nicht jene Arbeit tun, die man gerne tun möchte; man erreicht bestimmte Ziele nicht, die man sich gesteckt hat usw. Auch solches Leid hat eine notwendige Funktion im menschlichen Leben[1].

Wenn z. B. einer Mutter die Trennung von ihrer Tochter, die das Elternhaus verläßt, leichtfallen würde, dann wäre die Bindung zwischen Mutter und Tochter eben nur ganz locker und würde in schwierigen Situationen nicht genügen. Dann müßte es dieser Mutter leichtfallen, ihr Kind zu verlassen, wenn die Sorge darum einmal zu einer echten Last würde. Die Natur hat dafür gesorgt, daß die Trennung von einem lieben Menschen schmerzhaft ist, damit man eben zusammenhält und Freundschaft oder mütterliche Sorge als eine unaufgebbare Verpflichtung betrachtet. Auch wenn es weh tut, daß man ein bestimmtes Ziel nicht erreicht, so hat das einen guten Sinn: Es zeigt nämlich, daß die Natur den Menschen antreibt, alles einzusetzen, um seine Ziele und Hoffnungen zu verwirklichen. Könnte man diesen Zielen gegenüber so gleichgültig sein, daß es nicht schmerzen würde, wenn man sie verfehlt, dann würde die menschliche Bequemlichkeit es schon beim kleinsten Anlaß dazu bringen, solche Ziele aufzugeben und nicht die ganze Kraft daranzusetzen. Wie also der biologische Schmerz eine notwendige Funktion zur Gesunderhaltung und Sicherung des einzelnen Organismus hat, so hat der psychologische Schmerz eine ähnliche Funktion zur Sicherung mitmenschlicher Bindungen, des gesellschaftlichen Zusammenhaltes und des Einsatzes aller menschlichen Kräfte für die angestrebten Ziele.

Aber auch auf dieser Ebene gibt es Leid, das man als eine Art Fehlfunktion der Natur betrachten könnte. Denn vielfach ist die Trennung von einem lieben Menschen einfach unvermeidlich, und der Schmerz einer solchen Trennung kann dann keine positive Funktion mehr haben. Wenn man z. B. einen lieben Menschen durch den Tod verliert, dann ist das sicher sehr schmerzhaft, aber dieses Leid hat keine unmittelbar greifbare positive Bedeutung für das menschliche Zusammenleben.

Es wäre falsch, aus jedem Zahnweh ein weltanschauliches Problem zu machen und sich zu fragen, wie diese Schmerzen mit der Liebe Gottes zu vereinbaren sind. Sie sind damit zu vereinbaren. Gott hat die Natur sehr sinnvoll geschaffen, und auch die Schmerzempfindlichkeit des Organismus hat in dieser Natur eine sinnvolle Funktion. – Ebenso ist es beim psychischen Leid. Wenn es das nicht gäbe, dann gäbe es auch keine festen und tiefen menschlichen Bindungen. Aber das Leben verlangt doch auch immer wieder, daß sich Menschen trennen, daß vielfach ein lieber Mensch stirbt usw. Auch dieses Leid ist nicht geschickt, weil Gott den Menschen zuwenig liebt oder gar, weil er Freude daran hätte, ihn zu quälen, sondern weil es einfach die Gesetzmäßigkeiten des menschlichen Lebens und Zusammenlebens erfordern.

3. Das Unglück im ganzmenschlichen Sinn

Was den Menschen eigentlich unglücklich macht, ist nicht der Schmerz und das Leid als solche, sondern der Zweifel an der Sinnhaftigkeit des Geschehens und damit letztlich das Versagen im Glauben. Zahnweh macht den Menschen nicht eigentlich unglücklich. Man weiß, woher die Schmerzen kommen, und hat die Hoffnung, daß sie behoben werden können. Auch wenn eine Mutter sich von ihrer Tochter trennen muß, um dieser einen eigenen Weg ins Leben freizugeben, wird die Mutter dadurch nicht unglücklich, denn sie weiß ja, daß dieses Opfer notwendig ist und daß sie gerade durch diese Bereitschaft ihrer Tochter einen Beweis der Liebe gibt. Das tut weh, aber es macht nicht unglücklich.

Wirklich schlimm für den Menschen wird es erst, wenn er nicht mehr weiß, warum er Schmerz und Leid ertragen muß. Dann scheint alles keinen Sinn mehr zu haben. Der Mensch resigniert, er verbittert, er fühlt sich unglücklich. Zur Sinnlosigkeit kommt dann oft die Aussichtslosigkeit. Man hat den Eindruck, daß Schmerz und Leid zu nichts Gutem führen und daß man deshalb für alle Zeit vom Schicksal geschlagen bleibt. Das Leben hat einem etwas genommen, man kann sich damit nicht abfinden, man zweifelt an der Sinnhaftigkeit des Lebens, man ist nicht mehr fähig zu hoffen. Der Mensch kann erstaunlich viel Schmerz und Leid ertragen, solange er weiß, warum und wozu. Aber wenn er diesen Sinn nicht mehr sehen kann, wenn er die Hoffnung verliert, dann geht es an seine eigene Substanz. Er fühlt sich im Innersten getroffen.

Das eigentliche Unglück überfällt den Menschen nicht von außen, sondern es entsteht daraus, daß der Mensch in Schmerz und Leid keinen Sinn mehr sehen kann[2]. Das aber ist vom Glauben abhängig. Wenn man der Überzeugung ist, daß die Annahme des Leides auch etwas Gutes ist, daß es einen innerlich seinem Heil und seinem Gott näherbringt, dann werden zwar körperliche Schmerzen dadurch nicht behoben, aber es ist leichter, sie zu ertragen. Man hat bei allem Schmerz einen inneren Trost und ein gewisses Maß an innerem Frieden.

Das alles mag ganz logisch klingen, wenn es sich um die Annahme bestimmter körperlicher Schmerzen oder auch um die Annahme eines Leides handelt, das unvermeidlich ist und das die Sinnhaftigkeit des menschlichen Zusammenlebens eigentlich nicht in Frage stellt. Hier ließen sich ja noch manche positive Seiten des Schmerzes und des Leides finden. So kann z. B. eine Erkrankung in der Kindheit dazu dienen, daß der Körper entsprechende Abwehrkräfte entwickelt und dann von dieser Krankheit später nicht mehr gefährdet wird. Oder es kann das Leid dazu beitragen, daß ein Mensch ernsthafter und reifer wird und mehr Verständnis für das Leben, besonders auch für die Mitmenschen, entwickelt.

Besonders schwer ist es aber, einen Sinn in jenem Leid zu finden, das der Mensch in seiner Freiheit und in seiner Schuld selbst verursacht. Es wäre z. B. nicht notwendig, daß es in dieser Welt Krieg gibt. Es wäre auch nicht notwendig, daß einer seinem Freund gegenüber die Treue bricht, daß man sich durch die verschiedensten Lieblosigkeiten gegenseitig verletzt. In solchen Fällen scheint das Leiden unnötig und sinnlos zu sein. Hier ist aber auch an die eigene Schuld zu denken. Wenn man lieblos und egoistisch ist, dann schwächt man die eigene Kraft, dieses Leben anzunehmen. Man wird dann Schmerz und Leid nicht so hinnehmen können, wie man es eigentlich sollte. Man hat nicht die Kraft dazu, das Leben zu nehmen, wie es ist, und an der Last dieses Lebens innerlich zu wachsen. Aber diese Schwäche ist nicht naturbedingt, sondern vom Menschen selbst verschuldet.

Ist das Leid, das sich aus eigener und fremder Schuld zwangsläufig ergibt, aber nun wirklich sinnlos? Ist es ein Grund zu verzweifeln, wenn es in dieser Welt und im eigenen Leben Schuld gibt und wenn man darunter leidet?

Eine Antwort auf solche Fragen kann vielleicht an einem Beispiel angedeutet werden: Man hat jemandem ein verletzendes Wort gesagt. Das wird einem bald bewußt. Nun kann man verschieden reagieren. Man kann nachträglich sein Verhalten billigen, man kann sich sagen, daß es der andere nicht anders verdient, und man kann versuchen, peinliche Situationen dadurch zu vermeiden, daß man dem andern aus dem Weg geht oder gar die Beziehung zu ihm abbricht. Wahrscheinlich werden das beide als einen Verlust empfinden, aber es kann sein, daß dem einen dieser Verlust erträglicher erscheint, als wenn er sich beim andern entschuldigen würde.

Man kann aber auch versuchen, sein Verhalten wiedergutzumachen. Auch das ist nicht angenehm. Denn man muß vor dem andern bekennen, daß man unrecht getan hat, man muß ihm vielleicht durch verschiedene Weisen des Entgegenkommens ein wenig das zu ersetzen suchen, was ihn das verletzende Wort gekostet hat. Das ist nicht leicht. Aber wenn man es trotzdem versucht, erkennt der andere aus dem Verhalten des Betreffenden, daß er sich zu seinem Unrecht bekennt und daß er nun dem andern wohlwill. Gerade diese Erfahrung kann die beiden miteinander tiefer verbinden, als wenn nichts vorgefallen wäre.

Der Gedanke dieses Beispiels gilt prinzipiell überall, wo man an den Folgen einer menschlichen Schuld zu leiden hat. Wenn man ein solches Leid annimmt, bekennt man sich in ganz besonderer Weise zum Guten. Dadurch kann auch der Schuld ein neuer positiver Sinn gegeben werden. Denn eine Schuld, die man sich gegenseitig vergibt und die man so überwindet, kann Menschen noch tiefer miteinander verbinden. Schuld hat ihren Sinn nicht aus sich, aber man kann ihr einen Sinn geben, indem man sich richtig zu ihr verhält und sich entsprechend mit ihr auseinandersetzt. Dann kann das Leid den Menschen reifer machen für die Begegnung mit seinen Mitmenschen, indem es ihn demütiger macht, indem es das Mitgefühl wachsen läßt, indem es lehrt, den anderen mehr Aufmerksamkeit zu schenken.

Ebenso kann das Leid den Menschen offener und reifer machen für Gott. Der leidende Mensch kann gegen seine Schmerzen protestieren, er kann aber auch Demut lernen. Er kann am Sinn seines Lebens verzweifeln, er kann sich aber auch zu der Einsicht durchringen, daß er selbst zwar armselig und hilfsbedürftig ist, daß aber sein Leben dennoch einen Sinn hat, wenn er sich dem Guten und der Liebe Gottes öffnet. Dieser Gedanke der Gottverbundenheit auch gerade im Leiden und Sterben ist wohl die einzige Möglichkeit, um in den schlimmsten Situationen noch einen Sinn finden zu können[3]. Wichtig ist dabei, daß man das Handeln Gottes und den Willen Gottes nicht zu äußerlich versteht. Gott hat zwar die Welt als ganze geschaffen und will, daß sie nach ihren Gesetzen sich vollzieht. Aber das Schmerzhafte, das dann durch diese Gesetze hervorgerufen werden kann, ist nicht Ausdruck einer lieblosen oder gar rachsüchtigen Gesinnung Gottes. Gott will, daß der Patient zu seiner Situation innerlich ja sagt und daß er auch in seiner Not Gott zu lieben versucht. Woher nimmt nun der Mensch die Kraft zu einer solchen Stellungnahme? Wie kann er sich dazu durchringen, auch im Leid an die Liebe Gottes zu glauben? Ein erstes, was der Leidende braucht, ist die Sorge und Liebe seiner Umgebung.[4] Er darf sich nicht verlassen fühlen. Er soll spüren, daß er anderen wichtig ist und daß man sich um ihn bemüht. – Das zweite und Grundlegendere ist der Blick auf Gott und seine Liebe, die insbesondere im Leben und im Sterben Jesu Christi sichtbar geworden ist. Das Kreuz des Herrn ist ja auch das stärkste Zeugnis dafür, daß leiden nicht sinnlos sein muß, sondern daß es zum Sinnvollsten werden kann, was es in dieser Weltgeschichte überhaupt gab und geben wird. Der Tod ist nicht in sich sinnvoll, aber Jesus Christus hat ihm diesen einmaligen Sinn gegeben, indem er ihn zum Ausdruck seiner Hingabe an den Willen des Vaters und seiner Liebe zu den Menschen gemacht hat. Der Glaube an den gekreuzigten Christus würde helfen, etwas von dieser Sinnhaftigkeit auch im menschlichen Leiden zu verwirklichen.

Anmerkungen

1 Dazu E. Heim, Krankheit als Krise und Chance. Stuttgart 1980.

2 Die Sinnfrage ist immer auch sozial vermittelt. Deshalb sind Leid und Krankheit weithin abhängig von sozialen Zusammenhängen. Dazu: R. Totmann, Was uns krank macht. Die sozialen Ursachen der Krankheit. München 1982; A. Mitscherlich, Krankheit als Konflikt. Studien zur psychosomatischen Medizin. 2 Bde. Frankfurt a. M. 61971, 51970.

3 Vgl. H. Gödan, Der Mensch ohne Krankheit. Christlicher Auftrag und medizinischer Fortschritt. Hamburg 1964.

4 Dazu St.-E. Szydzik (Hrsg.), Die Sorge um den Kranken. Gemeinsame Aufgabe von Ärzten, Seelsorgern, Pflegeberufen. Regensburg 1978.

Krankheit, Umwelt und das Böse

Krankheit ist nicht einfach nur Schicksal und das Ergebnis unabwendbarer Naturnotwendigkeiten. Krankheit hat auch zu tun mit menschlicher Freiheit und insofern auch mit dem Bösen. Das wird besonders deutlich, wenn man die Umwelteinflüsse betrachtet, denen der Mensch ausgeliefert ist.
Man kann Krankheit definieren als „Störung oder Verminderung der Leistungs- und Anpassungsfähigkeit des Organismus oder eines, evtl. mehrerer seiner Teile"[1]. Heinrich Schipperges[2] macht in einem Vortrag darauf aufmerksam, man habe es bei der Krankheit „mit sehr persönlichen Einstellungen und Erwartungen, mit Einflüssen aus Umwelt und Mitwelt auch, dem Einfluß der Arbeitswelt und der Freizeiträume samt all den darin eingeborgenen zwischenmenschlichen Beziehungen" zu tun. Ein rein chemisches oder physiologisches Verständnis von Krankheit dürfte heute der Vergangenheit angehören, auch wenn dieses Verständnis ausgehend von einem materialistischen und mechanistischen Menschenbild in den letzten hundert Jahren einen großen Einfluß ausgeübt hat. Wenn man versucht, bei der Krankheit, mit der sich der Arzt zu beschäftigen hat, von psychischen, sozialen und moralischen Faktoren zu abstrahieren, werden diese doch immer wieder hereinspielen und für die Frage, ob und wie Heilung möglich ist, eine u. U. entscheidende Rolle spielen. Deshalb scheint es auch für den Arzt notwendig zu sein, daß er für diese Faktoren einen Blick hat. Der Arzt sollte demnach auch für psychologische und sogar seelsorgliche Aspekte der Krankenbetreuung einen Sinn entwickeln. Auf diese verschiedenen Aspekte sei nun im einzelnen etwas eingegangen.

Krankheitssymptome

Zunächst stellt sich die Frage, um welche Krankheiten bzw. Krankheitssymptome es in unserem Zusammenhang geht. R.

Totmann zitiert in seiner Beschreibung von Placebos eine von H. Haas 1963 aufgestellte Liste von Krankheiten, die durch Placebos erfolgreich behandelt worden sind. Dazu gehören: „Kopfschmerzen, Migräne, Seekrankheit, Schlaflosigkeit, Psychosen, Neurosen, Hirninfarkt, Multiple Sklerose, Epilepsie, Parkinsonismus, Alkoholismus, geistige Reaktionsfähigkeit, tonische Effekte, Asthma, Heuschnupfen, Erkältungskrankheiten, Husten, Angina pectoris, erhöhter Blutdruck, periodisches Hinken, Arthritis, Magen- und Darmstörungen, Verstopfung, Hauptkrankheiten . . ., klimakterische Beschwerden . . ., Warzen, Allergien, Akne, Skeletterkrankungen, Rauchen, senile Gehirnerkrankungen, Diabetes, Fettleibigkeit, chronisches Nesselfieber, Bettnässen und optometrische Störungen."[3]

Diese Liste ist inzwischen noch weiter verlängert worden. Hier wird deutlich, daß jedenfalls sehr viele Krankheiten nicht einfach nur auf einer bestimmten objektiven naturwissenschaftlich faßbaren Ursache beruhen, etwa auf einer Infektion oder einer Verletzung, sondern daß dabei häufig auch eine subjektive Komponente beteiligt ist. Selbst dort, wo man objektive Ursachen eindeutig ausmachen kann, etwa eine Vergiftung, ist nicht gesagt, daß diese Ursache zu einer Krankheit führen müßte. Es ist durchaus auch möglich und wahrscheinlich, daß manche Krankheiten nur dann ausbrechen, wenn eine entsprechende psychische Disposition vorhanden ist.

Die psychische Einstellung spielt aber selbstverständlich auch beim Verlauf der Erkrankung eine Rolle. Es ist ein erheblicher Unterschied, ob ein Patient wirklich den Willen hat, seine Krankheit zu überwinden und gesund zu werden, oder ob er resigniert. So kann es sein, daß von zwei Patienten mit der gleichen Krankheit aufgrund ihrer verschiedenen psychischen Einstellung der eine stirbt und der andere wieder gesund wird. Man weiß, daß z. B. in manchen Kulturen Menschen sterben können, wenn sie merken, daß sie ein Tabu verletzt haben. Es braucht dann weiter gar keine äußere Ursache, sie sind so sehr davon überzeugt, daß sie jetzt sterben müssen, daß offenbar schon diese Überzeugung, verbunden mit einer entsprechenden gefühlsmäßigen Einstellung, zum Tode führt. Im Zusammenhang damit sei auch auf das Phänomen der mangelnden psychischen Belastungsfähigkeit verwiesen. Natürlich hat diese immer gewisse Grenzen, aber sie kann auch so gering sein, daß man bereits von einem pathologischen Phänomen sprechen muß.

Die innere Einstellung und die Belastungsfähigkeit können nun wiederum verschiedene Ursachen haben. Eine oft sehr wesentliche wird im personalen Bereich, in der Freiheitsentscheidung des Patienten liegen, die ihrerseits wieder von Umwelteinflüssen abhängig ist. Man denke an Einsamkeit, Niedergeschlagenheit, mangelnde Sinnfindung, aber auch an Schuld. Es kann sein, daß sich jemand in einem Konflikt befindet, den er von sich aus nicht klären und überwinden kann. Oder es sieht sich jemand in seinem Selbstwertbewußtsein grundsätzlich in Frage gestellt. Auf solche Weise kann der Lebensmut und der Lebenswille verringert werden, sodaß der Betreffende gegen eine Erkrankung einfach nicht den notwendigen Widerstand leistet.

Von besonderem Interesse ist in diesem Zusammenhang das Phänomen der Schuld. Denn wo sich der Mensch schuldig weiß, fühlt er den Sinn seines Handelns und seines Tuns in Frage gestellt, er gerät in einen inneren Konflikt, der nur durch Versöhnung und Vergebung überwunden werden könnte, er fühlt sich in seiner Selbstverwirklichung beeinträchtigt und erfährt gleichsam eine Lähmung seines Lebenswillens. – Insgesamt kann die mangelnde Sinnfindung als eine häufige Ursache von Suizid gelten. Aber auch wenn es sich nicht um eine formelle Selbsttötung handelt, kann eine verborgene Neigung dazu vorliegen, insofern der Betreffende einfach nicht mehr leben will oder sein Leben nicht mehr voll bejahen kann. Diese innere Einstellung an sich führt schon zu einer Beeinträchtigung des Lebens, oft auch mit psychosomatischen Folgen.

Nun ist diese innere Disposition des Menschen, die dann oft zu Erkrankungen führt, nicht ausschließlich in einer persönlichen Fehleinstellung begründet. Der psychische und personale Bereich des Menschen ist ja immer auch sehr stark sozial bedingt. Man erwirbt Fehleinstellungen in der Erziehung, man wird unter dem Druck der Umgebung zu entsprechenden Werthaltungen und Konflikten veranlaßt. Damit zeigen sich Faktoren, deren krankmachende Wirkung kaum geleugnet werden kann. Es seien einige davon genannt:

Da sind etwa die Konsumgewohnheiten des modernen Menschen. Weil man sich an die Mitmenschen anpassen oder sie übertreffen möchte, weil man eine ähnliche Einstellung zum Lebensgenuß entwickelt, wie sie in der Gesellschaft üblich ist, und noch aus weiteren Motiven kommt es zu Lebensgewohnheiten, wie zu übermäßigem Essen, Alkoholgenuß, Rauchen, Drogengenuß usw. All diese Verhaltensweisen werden nicht einfach nur aufgrund eigener Fehlentscheidungen erfunden, sondern haben weithin soziale Ursachen.

Oder man denke an das Problem des modernen Leistungsprinzips, das manchmal bis zu einem suchtartigen Arbeitsverhalten führt. Man denke an die Selbstüberforderung, die hier oft zu beobachten ist, oder an die Problematik des Konkurrenzverhaltens in der heutigen Gesellschaft. Jeder versucht mit dem andern gleichzuziehen oder ihn zu überflügeln, er fühlt sich durch die Konkurrenz des andern bedroht und stellt damit immer höhere Forderungen an die eigene Leistung. Vielleicht überfordert er sich damit selbst und wird krank.

Das alles hat sich auch auf die Einstellung zur Medizin ausgewirkt. Man glaubt, seinen Leib brutal ausnützen zu dürfen und ihn dann von Zeit zu Zeit zu einer Art Service bringen zu können. Nicht die gesunde Lebensweise, nicht die vorbeugende Medizin ist gesucht, sondern die Reparatur nach erfolgter Schädigung.

Damit stellt sich aber die Frage, warum denn der heutige Mensch und die ganze Gesellschaft eine solche Einstellung aufweisen. Es wäre nicht genug, dafür einfach nur die moderne Technik und die Gesetze der Wirtschaft verantwortlich zu machen. Das ist auch eine Frage personaler Entscheidung, die tausend- und abertausendmal immer wieder getroffen wird.

Man muß das wohl u. a. mit einem Mangel an Liebe, Verantwortungsbewußtsein und persönlicher Zuwendung füreinander charakterisieren. Der Mensch fühlt sich in der modernen Welt nicht geborgen, er fühlt sich nicht angenommen von seinen Mitmenschen, er sieht im Kollegen eher den Konkurrenten und den Feind, er fühlt sich persönlich in Frage gestellt und in seinem Selbstwertgefühl bedroht. Denken wir z. B. an die Situation der Arbeitslosen, die sich oft fragen, wozu sie denn eigentlich noch gut seien.

Der Mensch, der sich nicht geliebt und angenommen weiß, der nicht genügend Hochschätzung erfährt, kann nicht zufrieden sein. Er lebt in einem inneren Konflikt zwischen grundlegenden Erwartungen und Bedürfnissen einerseits und den frustrierenden Erfahrungen andererseits. Dieser Konflikt ermüdet ihn, zehrt an seinen Lebenskräften und macht ihn krank. Es muß sich dabei nicht um eine ganz spezifische Krankheit handeln, sondern es wird die gesamte Vitalität des Menschen betroffen und beeinträchtigt. Vielleicht ist er noch zusätzlich selbst an Erkrankungen schuld, indem er etwa übermäßig schwere Schlaftabletten konsumiert, zu Nikotin, Alkohol und Drogen verschiedener Art seine Zuflucht sucht oder sonst einfach nicht mehr gesund lebt. Er kann sich nicht mehr richtig erholen, er mißachtet die Signale seiner Natur und verliert die Widerstandskraft, auf der seine Gesundheit beruht.

In all dem stecken nicht bloß unausweichliche Naturgesetze, sondern immer auch Freiheitsentscheidungen. Wenn sich der Mensch nicht geliebt fühlt, wenn er sich bedroht weiß, wenn er in seinen Erwartungen enttäuscht wird, dann sind das immer Erfahrungen, in denen auch das persönliche Versagen der Mitmenschen mitspielt. Insofern ist Kranksein nicht einfach unausweichliches Schicksal, sondern z. T. auch die Folge von Kränkungen durch die Mitmenschen. Allerdings sind damit nicht nur einzelne Vorfälle gemeint, die sich im Laufe des Lebens ereignen, sondern das alles ist schon zum System geworden. Die moderne Welt ist unbarmherzig mit dem einzelnen.

Freilich ist es leicht, solche Anklagen zu erheben, aber sehr schwer, die Situation zu verändern. Auch der Arzt ist dazu oft nicht imstande. Denn gerade auch er scheint nicht selten zu versagen, wenn es darum geht, dem Patienten Verständnis und Hochschätzung entgegenzubringen, wenn man ihm etwas von jener Liebe schenken sollte, die er in seinem Leben oft hat entbehren müssen. Es scheint, daß manche Verhaltensweisen des Arztes eine Flucht vor der Aufgabe sind, die er eigentlich anzugehen hätte. Man denke etwa an die Situation, wo der Arzt einem Sterbenskranken einen billigen Trost zusagt, anstatt sich zu ihm ans Bett zu setzen, mit ihm über seine Krankheit zu sprechen und die enorme psychische Belastung der aufdämmernden Einsicht mit dem Kranken zu tragen. Das ist schwer, es braucht Zeit und Anteilnahme und ist offenbar in unserem System in der Regel nicht vorgesehen. Aber damit wird der Kranke zusätzlich isoliert und durch seine Einsamkeit noch mehr belastet.
Wenn von krankmachenden Wirkungen des Bösen in der modernen Ellenbogengesellschaft die Rede ist, dann liegt die Ursache dafür vor allem in einem Mangel an Liebe und Hoffnung, in der Resignation und dem brutalen Existenzkampf, in dem Mangel an Zuwendung zur Person des einzelnen und in dem Versuch einer rücksichtslosen Durchsetzung eigener Wünsche. Das alles beeinträchtigt die Lebensqualität, es vereinsamt den einzelnen, es erschwert ihm die Last des Lebens, die er allein tragen muß und nicht mit einem andern teilen kann.
Was ist nun dagegen zu tun? Eine Hilfe wird sicher ein lebendiger Glaube an Gott und Jesus Christus sein. Dabei ist an diesem Glauben nicht sosehr entscheidend, was man im Religionsunterricht auswendig gelernt hat, sondern wieweit man imstande ist, mit Gottes Gnade diesen Glauben in eine Lebenshaltung umzusetzen. Der Glaube beseitigt zwar nicht Krankheit und Leid, aber er befähigt den Menschen, dieses Kreuz mit größerer Geduld und Gefaßtheit zu tragen und nicht einfach zu versagen.
Daneben muß aber auch gesagt werden, daß der Mensch der

Zukunft wieder lernen muß, mehr Sinn für das Menschliche zu entwickeln. Insbesondere wird er lernen müssen, nicht immer noch extremer sich der Technik zuzuwenden und nur noch in technischen Kategorien zu denken. Der Mensch sollte wieder verstehen lernen, daß er keine bloße Maschine ist, daß er nicht bloß eine Reparatur braucht, wenn er krank ist, sondern daß er auch noch einer ganz anderen Hilfe in dem Unheil des Lebens bedarf. Er braucht Liebe, er braucht Sinn für sein Leben, er braucht Hoffnung. Wo er das nicht findet, wird ihm auf die Dauer die beste Medizin nicht helfen können.

Anmerkungen

1 A. Faller, Krankheit, in: Prakt. Wörterbuch der Pastoralanthropologie. Wien/Göttingen 1975, 605.

2 H. Schipperges, Kategorien pathischer Betroffenheit. In: O. Schatz (Hrsg.), Wie krank ist unsere Medizin? Graz 1983, 203.

3 R. Totmann, Was uns krank macht. Die sozialen Ursachen der Krankheit. München 1982, 59.

Wahrheit am Krankenbett

Es gibt verschiedene Meinungen darüber, ob man einem Schwerkranken sagen darf, wie es mit ihm bestellt ist. Von Hufeland, dem Arzt von Goethe und Leibarzt des preußischen Königs, ist der Ausspruch überliefert: „Den Tod verkünden heißt den Tod geben." Viele glauben, daß eine offene Information des todkranken Patienten über seinen Zustand zum Mord werden könne und deshalb den Forderungen der Menschlichkeit widerspreche. Andere betonen hingegen, daß man prinzipiell nie lügen dürfe, auch nicht um einen anderen zu schonen.

Verleugnung ist keine Lösung

Man muß sich zunächst klarmachen, daß ein bloßes Ableugnen der Schwere einer Krankheit für den Patienten keine Lösung sein kann.[1] Zunächst würde ihm damit in vielen Fällen die Möglichkeit sinnvoller eigenverantwortlicher Entscheidungen genommen. Oft ist ja der Kranke erst aufgrund einer richtigen Einschätzung seiner Situation in der Lage, sachgemäß zu entscheiden, ob er noch eine bestimmte Operation oder Behandlung haben will, oder ob er darauf verzichten soll. Man entmündigt ihn, wenn man ihn hier absichtlich in Unwissenheit hält. Vielleicht ist auch noch ein Testament zu machen oder die Aussöhnung mit einem Angehörigen anzustreben. Wenn solche Dinge in Ordnung gebracht sind, wird es für den Sterbenden, der schließlich erkennt, wie es um ihn bestellt ist, leichter sein, Frieden zu finden und mit seiner Situation zurechtzukommen.

Manchmal bleiben bei nahestehenden Menschen schwere Schuldgefühle zurück, weil bestimmte Probleme nicht mehr rechtzeitig geklärt werden konnten. Umgekehrt kann z. B. eine eheliche Beziehung eine erhebliche Vertiefung erfahren, wenn die Gatten noch ganz bewußt die Zeit der Todeskrankheit miteinander verbringen und einen offenen Austausch ihrer Gedanken und Gefühle pflegen konnten. Man muß deshalb dem Kranken das Recht zugestehen, zu wissen, ob er mit einem baldigen Tod rechnen muß.

Dazu kommt noch eine weitere Feststellung: Die allermeisten sterbenskranken Patienten erahnen ihren wahren Zustand. Sie rechnen nicht mehr damit, noch einmal gesund zu werden. Wenn man ihnen nun eine klare Aussage verweigert, einer eindeutigen Frage ausweicht, mit allen möglichen Tröstungen und Ausflüchten kommt oder gar einfach die Unwahrheit sagt, dann spürt der Patient, daß man mit ihm über seine Krankheit, die ihn doch auch geistig sehr beschäftigt, nicht reden will. Das ängstigt ihn zusätzlich, er muß mit seinen Ahnungen und Gefühlen allein bleiben. Diese Verschwörung des Schweigens erschwert ihm sein Leiden ganz bedeutend.

Oft wird die Isolation[2] des Kranken auch noch dadurch verstärkt, daß Arzt, Schwestern oder Angehörige, die wissen, wie es um den Patienten steht, aus Angst vor seinen Fragen und vor einem offenen Gespräch den Kranken überhaupt lieber meiden oder nicht mit ihm allein sein möchten. Dieser sieht sich dann gezwungen, das unwahrhaftige Spiel, das mit ihm getrieben wird, mitzumachen und so zu reden, als ob er auch selbst mit seiner baldigen Genesung rechnen würde. Das alles kann es dem Patienten nur erschweren, den Gedanken an einen baldigen Tod richtig zu verarbeiten.

Auch Kinder[3] können eine deutliche Ahnung ihres bevorstehenden Todes entwickeln, sie sind ganz besonders von der Solidarität der Umgebung abhängig, brauchen das Gespräch und leiden unter Isolation. Kinder haben oft nicht so sehr Angst vor dem Tod, wohl aber vor dem Alleingelassenwerden, und zwar nicht nur vor dem äußeren Alleinbleiben, sondern gerade auch vor der Verweigerung eines offenen Gespräches, in dem sie ihre Probleme formulieren können und darauf auch eine nicht ausweichende, offene Antwort bekommen.

Tatsächlich werden aber aufklärende Gespräche viel zu wenig geführt. Nur etwa jeder zehnte Arzt klärt den Patienten bei unheilbarer Krankheit auf, hingegen teilen die allermeisten Ärzte einen solchen Befund den Angehörigen des Patienten mit. Schwestern und Pflegepersonal haben meist nicht das Recht, den Schwerkranken eine Diagnose mitzuteilen. Warum ist das so, warum vermeidet man es häufig, in dieser Situation offen die Wahrheit zu sagen?

Offensichtlich genügt in dieser Lage nicht eine nebenhin gemachte Bemerkung. Wer einem andern eine so schwerwiegende Information gibt, der muß sich die Zeit nehmen, das ausführlich zu besprechen. Er muß selbst ein Verhältnis zum Sterben haben, das es ihm möglich macht, eine solche Eröffnung mit dem Patienten zusammen durchzustehen. Das ist dann auch für den Arzt selbst nicht nur zeitraubend, sondern auch sehr belastend. Die tägliche Visite ist dafür gewöhnlich ungeeignet, weil die Teilnahme mehrerer Personen ein ruhiges und so schwerwiegendes Gespräch verhindert.

Krankenschwestern und übriges Pflegepersonal können aber dem Arzt die Aufgabe der Information des Patienten nicht abnehmen, sie können höchstens in allgemeineren Worten etwas über die Prognose, d. h. über die voraussichtliche Weiterentwicklung sagen. Natürlich sind für den Patienten auch die Angehörigen im Gespräch über seine Lage wichtig. Sie sollten aber weder ängstlich und befangen auf seine Fragen reagieren noch takt- und gefühllos.

Freilich fällt es dem Kranken oft sehr schwer, sich mit der Wahrheit, wenn sie ihm allzu direkt gesagt wird, abzufinden. Er könnte dadurch schwer schockiert werden und einen zusätzlichen Schaden für seinen Gesundheitszustand erleiden. Ihm einfach zu sagen, daß er keine Aussicht auf Gesundung mehr habe, könnte tatsächlich eine seelische Grausamkeit sein.

Elisabeth Kübler-Ross[4] hat ausführlich dargestellt, wie sich der Patient in der Todeskrankheit in verschiedenen Phasen geistig mit dem Sterben auseinandersetzt. Wenn die Erkenntnis, daß sein Leben zu Ende geht, allmählich unausweichlich wird, dann wird er oft diesen Befund zunächst nicht wahrhaben wollen. In einer zweiten Phase entwickelt er Zorn und protestiert gegen sein Schicksal, später versucht er über dieses Schicksal etwa mit Gott zu verhandeln und bietet verschiedene Vorsätze an, wenn ihm der Tod noch einmal erspart bleibt. In einem vierten Stadium folgt dann Resignation und Niedergeschlagenheit, die schließlich in Zustimmung und Bereitschaft übergehen kann.

Allerdings verlaufen diese Phasen nicht immer völlig gleichartig. Einzelne können etwa übersprungen oder auch wiederholt werden. Besonders ist aber in dieser Frage der Einfluß der Umgebung zu berücksichtigen. Wenn z. B. Angehörige dem Kranken helfen, sich mit dem Sterben abzufinden, dann wird er schneller über das Nicht-wahrhaben-Wollen und den Protest hinwegkommen und den Tod leichter und bereitwilliger annehmen, als wenn ihm solche Hilfe nicht gegeben wird. Die Art, wie jemand mit seinem Sterben fertig wird, hängt eben auch von der Art seiner Beziehungen zur Umwelt ab.

Der Kranke bräuchte in all diesen Phasen des Sterbens eine Begleitung, eine Möglichkeit, sich auszusprechen und ein hilfreiches Wort zu bekommen. Wo sich der Patient dann zur Einsicht in den nahen Tod und zu einer inneren Bejahung seines Schicksals durchgerungen hat, wird man mit ihm dann auch sinnvoll über die Frage sprechen können, was an therapeutischen Maßnahmen noch getroffen werden soll und was nicht. Das oberste Ziel eines christlich verstandenen Beistandes in der Todeskrankheit ist ja nicht der Versuch, das Leben solange irgend möglich noch zu verlängern, sondern das Bemühen, dem Kranken zu helfen, daß er seinen inneren Frieden findet und einen menschlichen Tod sterben kann.

Das vertrauensvolle Gespräch wird in dieser Begleitung immer von großer Wichtigkeit sein. Man sollte den Kranken nicht durch Verweigerung des Gespräches, durch Ausweichen und Verharmlosen in die Isolation drängen. Man sollte aber auch Rücksicht darauf nehmen, wie weit seine Kraft im

Augenblick reicht, Informationen über seinen Zustand hinzunehmen. Jedenfalls ist zu vermeiden, daß man dem Kranken jede Hoffnung nimmt, die er noch braucht. Es ist ja tatsächlich auch so, daß kaum einmal wirklich genau vorausgesagt werden kann, wie lange der Patient noch zu leben hat.
Man hat in der Begleitung des Sterbenden aber auch Verantwortung dafür, daß rechtzeitig äußere Dinge in Ordnung gebracht werden und der Kranke sich auch rechtzeitig auf den bevorstehenden Tod vorbereiten kann. Bei Patienten, die für eine religiöse Hilfe zugänglich sind, wird es auch darum gehen, den Seelsorger beizuziehen oder sonst dem Patienten im Gespräch und Gebet beizustehen, daß er im inneren Frieden mit seinem Herrn in die Ewigkeit eingehen kann.

Anmerkungen

1 Eine ausführliche und sehr gehaltreiche Behandlung unseres Themas bietet H. Gödan, Die sogenannte Wahrheit am Krankenbett. Darmstadt 1972; vgl. auch E. Ansohn, Die Wahrheit am Krankenbett. Grundfragen einer ärztlichen Sterbehilfe. München 1965.

2 Verschiedene Facetten dieses Problems bei T. Kruse/H. Wagner (Hrsg.), Sterbende brauchen Solidarität. München 1986. Besonders beeindruckend der medizinsoziologische Beitrag von S. Siegrist, Aufklärung in Grenzsituationen, ebd. S. 25–40.

3 Dazu H. Wagner, Kinder und Jugendliche vor dem Tod. In: T. Kruse/H. Wagner (Hrsg.), Sterbende brauchen Solidarität. München 1986, 70–81.

4 E. Kübler-Ross, Interviews mit Sterbenden. Stuttgart ^{2}1971.

Moraltheologische Fragen zum Todeszeitpunkt

Die Frage nach dem Zeitpunkt und den Kriterien des Todes ist ein Problem, das nicht nur Medizin und Naturwissenschaften, sondern auch Theologie und Ethik interessieren muß. Denn diese Thematik berührt die theologische Anthropologie und ist ausschlaggebend für viele ethische Fragestellungen. Im folgenden soll erst einiges über die Definition und die Kriterien des Todes gesagt werden, bevor die eigentlichen moraltheologischen Fragen zur Sprache kommen.

Die Definition des Todes

In alten Zeiten hat man vielfach den Todeszeitpunkt mit dem Ausfall der Atmung gleichgesetzt. Der Atem (spiritus, pneuma) galt als das Lebensprinzip, als die Seele. Wenn der Atem aussetzte, war das Leben zu Ende.

Im Laufe der Zeit hat man viele andere Kriterien genannt, etwa das Aufhören der Herztätigkeit, die Trübung der Hornhaut, die Pupillenerweiterung, den Zustand der Muskeln usw. Aber solche Kriterien konnten offenbar für eine Definition des Todes und für eine eindeutige Festlegung seines Zeitpunktes nicht genügen.

In der scholastischen Philosophie und in der traditionellen Theologie behalf man sich deshalb mit einer relativ abstrakten Definition, indem man den Tod als Trennung von Leib und Seele beschrieb. Gegen diese Definition gibt es heute wohl zwei Hauptschwierigkeiten. Einmal hat schon Thomas von Aquin die Auffassung vertreten, daß es sich bei dem Verhältnis von Leib und Seele zueinander nicht um einen eigentlichen Dualismus handelt. Der Tod ist also nicht so zu denken, als ob hier die Seele einfach aus dem Leichnam entweichen würde, um sich dann an einem anderen Ort aufzuhalten. Insbesondere die Bibel betont stark die Einheit von Leib und Seele.

Wichtiger ist aber noch eine zweite Schwierigkeit: Die Definition des Todes als Trennung von Leib und Seele gibt keine ausreichende Hilfe für ethische Fragestellungen. Denn diese Trennung ist nach traditioneller Auffassung ein Vorgang, der sich der menschlichen Sinneswahrnehmung völlig entzieht. Man braucht ja für ethische Fragestellungen irgendwelche Kriterien, nach denen man sein Handeln ausrichten kann. Man muß wissen, ob man es noch mit einem lebenden Patienten oder bereits mit einer Leiche zu tun hat.[1]

Nicht genügend erscheint hier auch eine Definition, wie sie der Mediziner Prof. I. Gerlach, Würzburg, gibt, der den Tod als endgültigen Stillstand des strukturerhaltenden Stoffwechsels versteht[2]. Es ist zwar wissenschaftlich zunächst plausibel, unter dem Tod des Menschen jenen Zeitpunkt zu verstehen, an dem nun wirklich der gesamte Lebensprozeß eines Menschen, oder das, was an ihm sterblich ist, ein Ende nimmt. Aber man kann offenbar doch nicht mehr von einem lebenden Menschen reden, wenn vielleicht noch gewisse Grundfunktionen seines Stoffwechsels künstlich aufrechterhalten werden, aber ganz wesentliche Funktionen des Menschseins definitiv ausgefallen sind.

In der Sicht der Philosophie oder Theologie wird man zu einer anderen Definition neigen. Man wird unter Tod das „Ende der personalen Lebensgeschichte" verstehen. Personale Lebensgeschichte ist mehr als bloße biologische Funktionen einzelner Organe. Zur personalen Lebensgeschichte gehört die Fähigkeit zu einem gewissen Minimum an Bewußtsein und personaler Freiheit und damit zu interpersonaler Kommunikation. Selbstverständlich sind all diese Möglichkeiten nicht in jedem Augenblick aktualisierbar. Es gibt den Schlaf und die Bewußtlosigkeit, in denen Freiheitsausübung und Kommunikation nicht möglich sind. Es gibt die Zeit der Entwicklung des Menschen von der Zeugung bis weit über die Geburt hinaus, wo von personaler Freiheit im eigentlichen Sinn noch nicht geredet werden kann. Aber hier ist immer die Fähigkeit angelegt, daß die Freiheitsgeschichte des Menschen einmal beginnt bzw. weitergeführt wird. Wo hingegen die

Fähigkeit zu bewußten und freien Akten endgültig erloschen ist, dort sind so wesentliche Komponenten des Menschseins ausgefallen, daß von menschlichem Leben nicht mehr gesprochen werden kann.
Noch deutlicher wird das in der theologischen Betrachtung. Hier versteht man das Leben des Menschen als Begegnung mit Gott und Stellungnahme zu ihm. Diese Geschichte mit Gott setzt Bewußtsein und Freiheit voraus. Der Mensch hat sein Leben vor Gott nur so lange zu verantworten, wie Bewußtsein und Freiheit andauern. Wo die Fähigkeit dazu endgültig geschwunden ist, ist das am menschlichen Leben zu Ende, was vor Gott Bedeutung hat. Was dann noch bleibt an organischen Funktionen, ist für das Heil des Menschen irrelevant.

Kriterien des Todes

Auch wenn man den Tod als Ende der personalen Geschichte des Menschen definiert, ist es schwierig anzugeben, mit welchen Kriterien das Ende der personalen Freiheitsgeschichte festgestellt werden soll. Aber hier ist deutlicher als bei der Definition des Todes als Trennung von Leib und Seele, daß die Freiheitsgeschichte des Menschen in engem Zusammenhang steht mit seiner leiblichen Verfassung. Man wird also so lange von menschlichem Leben sprechen können, wie die physischen Voraussetzungen dafür bestehen, daß mindestens ein Rest von Bewußtsein und Freiheit entweder vorhanden ist oder in Zukunft noch einmal wiederkehren wird. Der Tod tritt ein, wenn bestimmte Funktionen des menschlichen Organismus definitiv ausfallen, die die Phänomene des Bewußtseins und der Freiheit ermöglichen.
Das alles sind mehr philosophisch-theologische Überlegungen. Die Schwierigkeit liegt aber nun darin, diesen Zeitpunkt zu diagnostizieren. Wann ist es mit einem Menschen so weit, daß mit Sicherheit eine Rückkehr von Bewußtsein und Freiheit völlig ausgeschlossen werden kann, so daß auch mit

technischen Mitteln eine Wiederbelebung bis zur Erlangung eines Minimums an Bewußtsein nicht mehr möglich ist?
Es besteht ein Konsens, daß das entscheidende Kriterium der irreversible Funktionsausfall des Gesamthirns ist.[3] Aber wie ist dieser Funktionsausfall festzustellen? Hier gibt es wohl bis heute keine Methoden, die diesen Zeitpunkt eindeutig und sofort zu erkennen erlauben. Deshalb versucht man der Sicherheit halber verschiedene Untersuchungsmethoden zu kombinieren und sie in bestimmten Zeitabständen zu wiederholen. Es bestehen allerdings sehr große Unterschiede in der Frage, in welchen Abständen und wie lange diese Untersuchungen – besonders das EEG[4] – zu wiederholen sind. Manche Instanzen halten eine Feststellung der Nullinie auf dem EEG nach 12 Stunden für ausreichend, um den Hirntod zu diagnostizieren, andere fordern 24 oder gar 48 Stunden. Einzelne Autoren schwanken in ihren Forderungen zwischen einer Stunde und drei Tagen Kontrolldauer.
Diese Frage, wie man den Gehirntod diagnostiziert und welche Maßnahmen zu ergreifen sind, um bei dieser Diagnose ausreichend sicher zu sein, ist eine rein medizinische Frage, zu der Theologie und Philosophie kaum etwas beitragen können.

Moraltheologische Probleme

Die moraltheologischen Fragen in der Thematik des Hirntodes hängen besonders damit zusammen, daß der Zeitpunkt des Eintrittes des Todes nicht eindeutig zu diagnostizieren ist. Hier ergibt sich zunächst das Problem der Wiederbelebung bzw. der Einstellung von Maßnahmen der Therapie und der Reanimation. Sicher sind solche Maßnahmen nicht mehr verpflichtend, wenn der Hirntod definitiv eingetreten ist. Aber man könnte fragen, mit welcher Sicherheit dieses Faktum feststehen muß. Sind wirklich so lange Maßnahmen der Wiederbelebung durchzuführen, bis das EEG vielleicht zwei oder drei Tage lang eine Null-Linie aufweist? Spielt es bei solchen Maßnahmen auch eine Rolle, welche Lebenschancen der

Mensch hätte, wenn man ihn tatsächlich zum Bewußtsein zurückholen könnte?

Man wird hier zunächst im Sinne des Prinzips von der höheren Sicherheit meinen, daß alles getan werden müßte, um einen Menschen, der möglicherweise doch noch nicht ganz tot ist, wieder ins Leben zurückzuholen. Nun haben sich aber gerade in den letzten Jahren und Jahrzehnten die medizinischen Möglichkeiten derart vermehrt, daß unter Einsatz von Herzmitteln, Sauerstoff usw. oft der Prozeß des Sterbens in die Länge gezogen wird. Man kann häufig Klagen aus dem Mund von Krankenschwestern oder in der Literatur über ein solches Vorgehen vernehmen. – Es sei daran erinnert, daß nach Pius XII. keine strikte ethische Verpflichtung besteht, „außerordentliche Mittel“ zur Verlängerung des Lebens einzusetzen. Natürlich ist dieser Begriff der außerordentlichen Mittel unklar. Aber er macht deutlich, daß nach Auffassung Pius’ XII. menschliches Leben nicht unbedingt so weit als technisch möglich verlängert werden muß.

Wenn die Medizin versucht, einen Menschen aus dem Sterben zurückzuholen, dann sollte sie dabei nicht davon absehen, was hier Leben noch heißen kann. Wenn ein solcher Mensch dann nicht mehr in der Lage ist, in seinem Leben und Leiden wenigstens einen Rest von Sinn zu finden, wenn ihm diese neugewonnene Zeit nur zusätzliche Resignation und Verzweiflung bringt, dann könnte sein, daß man sagen müßte, er wäre menschlich und christlich besser gestorben, wenn er nur das erste Mal den Sterbeprozeß durchgemacht hätte und ihm die Wiederbelebung erspart geblieben wäre.

Natürlich wird man nur schwer oder gar nicht prognostizieren können, wie sich das wiedergewonnene Leben entwickeln und darstellen wird. Deshalb wird man jedenfalls im Zweifelsfall zunächst alle Maßnahmen der Reanimation nützen; aber es wird auch Fälle geben, deren Prognose so negativ ist, daß man bewußt auf die Möglichkeit einer Reanimation verzichten kann. Selbstverständlich darf das nicht dazu führen, daß man allzu leicht und schnell gegen das Leben entscheidet. Es gibt ja genug Fälle, wo eine Reanimation tatsächlich für den Pati-

enten wieder ein sinnvolles Leben möglich gemacht hat. Die Schwierigkeit ist eben hier, daß man nicht ohne weiteres eindeutige Kriterien angeben kann, unter welchen Bedingungen die Reanimation noch sinnvoll ist.
Oft wird bei dieser Thematik auch auf den Willen des Patienten hingewiesen. Es sei eben ein Unterschied, ob der Patient selbst sterben möchte, oder ob er am Leben hängt. Hier ist aber bezüglich des Willens und der Freiheit Vorsicht angebracht. Der Entschluß eines Patienten zum Suizid kann z. B. für den Arzt nicht bindend sein, denn er muß auch auf sein eigenes Gewissen hören. Die Entscheidung zum Suizid ist in der Regel eine Verzweiflungstat des Menschen, Ausdruck einer inneren Not und einer Unfähigkeit, im Leben noch einen Sinn zu sehen. Wenn man einen Suizidpatienten ins Bewußtsein und ins Leben zurückholt und ihm hilft, in seinem Leben wieder einen Sinn zu sehen, weil er vielleicht jetzt mehr Zuwendung findet, dann wird er durchaus dankbar sein können, daß man ihm geholfen hat.
Entscheidend für den Arzt ist nicht so sehr, in welcher Stimmung der Patient sich im Augenblick befindet, sondern was auf Dauer in Zukunft sein eigener Wille ist oder als dieser Wille erwartet werden muß. Auch wenn man bei einem Suizidkandidaten das nicht exakt voraussagen kann, muß man sich doch zugunsten des Lebens einsetzen, weil eine Panikhandlung, wie es der Selbsttötungsversuch in aller Regel ist, für die Urteilsbildung des Arztes nicht ausschlaggebend sein kann. In der Ungewißheit der Situation muß er sich doch zugunsten des Wertes des Lebens einsetzen.
Es wäre allerdings ein bedauerliches Manko, wenn jemand nach einem Suizidversuch zwar medizinisch gerettet würde, dann aber ohne jede weitere Hilfe und Fürsorge wieder in seine bisherige Lebenssituation zurückkehren müßte. Eigentlich sollte mit der medizinischen Hilfe in einem solchen Fall auch eine weitere Lebenshilfe verbunden sein, die es dem Menschen möglich macht, nun wirklich mit seinen Schwierigkeiten besser fertig zu werden.
Ein weiteres moraltheologisches Problem ergibt sich in der

Frage der Organtransplantation. Hier liegt ein Interessenskonflikt vor, der die Entscheidung manchmal schwermacht. Einerseits geht es um das Interesse des Sterbenden, von dem nach dem Tod ein Organ entnommen werden soll. Hier muß wirklich der Eintritt des Todes abgewartet werden. Man darf den Patienten durch die Entnahme des Transplantates nicht erst töten. Anderseits geht es um das Interesse jenes Patienten, der auf das Transplantat wartet. In seinem Interesse liegt es, daß die Entnahme dieses Organs nicht zu lange hinausgeschoben wird, weil dieses sonst Schaden nehmen könnte und dadurch die Chancen der Transplantation erheblich gemindert würden.

Sowohl beim Sterbenden wie beim Organempfänger geht es also um so grundsätzliche Rechte und Interessen, daß man üblicherweise die Entscheidung über den rechten Augenblick der Transplantation nicht einem einzigen Arzt überläßt, sondern dafür sorgt, daß die Feststellung des Todeszeitpunktes von anderen Ärzten vorgenommen wird als denen, die dann transplantieren. Dadurch ist es eher möglich, daß die Rechte beider Seiten ausreichend ernstgenommen werden.

Eine Schwierigkeit liegt nun darin, daß der Todeszeitpunkt nicht sofort ganz exakt festgestellt werden kann, sondern nur mit Wahrscheinlichkeit, wobei dieser umsomehr zur Gewißheit wird, je länger man zuwartet. Man kann aber auch nicht ganz exakt sagen, wie lange ein Organ in einem guten Zustand verbleibt und von welchem Zeitpunkt an es für die Transplantation wertlos geworden ist.

Es ist hier noch einmal daran zu erinnern, daß der eigentliche Todeszeitpunkt nicht mit jenem Punkt zusammenfällt, an dem die volle diagnostische Sicherheit gegeben ist, sondern mit jenem empirisch nicht exakt auszumachenden Zeitpunkt, an dem die personale Geschichte des Menschen unwiederbringlich zu Ende ist. Für die Diagnose ist dabei die Frage wichtig, ob noch eine Chance besteht, daß Bewußtsein und Freiheit zurückkehren und so die Geschichte des Lebens eine Fortsetzung findet, oder ob der Sterbeprozeß eindeutig linear weitergeht. Wenn das zweite der Fall ist, wenn also gar nicht daran zu denken ist, daß der Sterbende sein Bewußtsein und seine Kommunikationsfähigkeit noch einmal erlangen wird, wenn also die Kommunikationsfähigkeit definitiv erloschen ist, dann muß mit der Entnahme des Transplantates an sich nicht weiter gewartet werden.

Der Tod des Organspenders im philosophisch-theologischen Sinn muß zwar eingetreten sein, aber wenn der Sterbeprozeß unumkehrbar ist, muß nicht unbedingt durch langes Zuwarten und Wiederholen der Diagnosemethoden jener letzte Punkt abgewartet werden, an dem alle Symptome des eingetretenen Todes mit vollster Sicherheit vorliegen. Bei ethischen Fragestellungen muß ja immer auch die Gesamtsituation berücksichtigt werden. Man darf die Interessen und Rechte des Sterbenden nicht völlig losgelöst davon betrachten, wie es mit der Hilfsbedürftigkeit des wartenden Patienten bestellt ist. Wenn man die Rechte des Organspenders gar zu streng definiert, geht das ja auf Kosten der Lebenschancen des Organempfängers. Das heißt nicht, daß zugunsten des Wartenden ein Sterbender geradezu getötet werden dürfe, wohl aber, daß man den Willen und das Bemühen haben darf, das gewünschte Organ zu jenem frühesten Zeitpunkt zu entnehmen, der zulässig und verantwortbar ist.

Wenn man ein funktionsfähiges Hirn als körperliche Voraussetzung geistigen Lebens betrachtet, dann ergibt sich daraus auch eine entsprechende Folgerung für den Fall eines Anenzephalus. Wenn eine solche Diagnose eindeutig gestellt wird, wenn auf die Dauer die Möglichkeit psychischer Funktionen ausgeschlossen ist, dann kann man ein solches Wesen im strengen Sinn nach Meinung vieler Moraltheologen nicht als lebenden Menschen betrachten. Bei der Frage, was dann bei einer solchen Schwangerschaft etwa geschehen soll, wären allerdings noch verschiedene Aspekte zu berücksichtigen. Denn es wäre denkbar, daß bei einem Abortus auch in diesem Fall die Mutter emotionell in einer Weise betroffen würde, die nachteiliger ist, als wenn diese Leibesfrucht, die auf die Dauer ohnehin nicht lebensfähig ist, erst einmal geboren wird. Aber diese Fragen führen von unserem Thema weg.

Wenn man als Theologe über derartige medizinische Phänomene spricht, dann ist man sich bewußt, daß hier das letzte Wort immer derjenige haben muß, der eine unmittelbare Erfahrung und Sachkenntnis besitzt. Das ist sicher in erster Linie der Arzt. Aber man wird davor warnen müssen, daß Phänomene wie das Leben und erst recht die Seele zusehr bloß von materiellen Prozessen her verstanden werden. Es ist einsichtig, daß man vom medizinischen Standpunkt her in Fragen des Todes oft dazu neigt, lieber zuviel zu tun, um das Leben zu erhalten, als vorzeitig die Therapie und die Aktivitäten der Reanimation zu beenden. Man möchte lieber mit größter Sicherheit das Eintreten des Todes feststellen, bevor man den Leichnam für Transplantationen freigibt, als sich den Eingriff in einen möglicherweise noch lebenden Leib zuschulden kommen zu lassen.

Es ist aber auch zu bedenken, daß man den menschlichen Tod, oder das, was die Tradition als den Zeitpunkt der Trennung von Leib und Seele bezeichnet hat, mit naturwissenschaftlichen Mitteln nie exakt wird messen können. Sicher sind exakte Kriterien ein Vorteil für die Rechtssicherheit und können Mißbrauch verhindern. Aber das bloße Streben nach Rechtssicherheit ist nicht das einzige Kriterium für das Gewissen des Arztes. Besonders in schwierigen Situationen wird ihm niemand die Verantwortung abnehmen können, selbst die rechte Entscheidung zu treffen.

Anmerkungen

1 Zur Frage des Todeszeitpunktes vgl. W. Ruff, Organverpflanzung. Ethische Probleme aus katholischer Sicht. München 1971, 86–99; P. Sporken, Die Sorge um den kranken Menschen. Grundlagen einer neuen medizinischen Ethik. Düsseldorf [2]1981, 215–226.

2 Vgl. R. Kautzky, Der Arzt vor dem Phänomen des Todes. In: Arzt und Christ 15, 1969, 129–138, hier 131.

3 Vgl. W. Ruff, Organverpflanzung. Ethische Probleme aus katholischer Sicht. München 1971, 97.

4 Unter Elektroenzephalogramm (EEG) versteht man die Aufzeichnung des Verlaufs der Aktionsströme des Gehirns.

Sterbehilfe – Tod auf Wunsch

Wie der Anfang des menschlichen Lebens, ist auch das Ende im 20. Jahrhundert immer mehr zum Gegenstand medizinischer Manipulation und dadurch auch ethischer Diskussionen geworden. Die ärztliche Kunst ist immer mehr in der Lage, den Todeszeitpunkt eines Patienten hinauszuschieben, oft in einer Weise, die einem unmenschlich erscheinen muß. Entsprechend muß man sich mit dem Gedanken konfrontieren, daß der Arzt u. U. von einer weiteren, an sich möglichen Verlängerung menschlichen Lebens bewußt absieht. Damit ist man aber schon nahe bei der Frage, ob der Arzt nicht auch das Recht hat, durch aktiven Eingriff einem Leben ein Ende zu bereiten, das er vielleicht für nicht mehr lebenswert oder erhaltenswert betrachtet.

Wenn man die laufende Diskussion verfolgt, stellt sich einem aber wohl auch noch eine andere Frage. Kommt die Hinneigung zur Euthanasie nicht auch von einer Änderung der Glaubenseinstellung her? Hängt sie nicht vielleicht auch mit der zunehmenden Säkularisierung des modernen Denkens zusammen, nach der ein Mensch nicht mehr so sehr in seiner Personwürde, sondern vorwiegend nach dem Maß seiner Leistungs- und Genußfähigkeit beurteilt wird? Besonders zeigt diese Diskussion aber noch eines: Wenn man Euthanasie einmal gutheißt, dann ist es sehr schwer und in der Praxis offenbar überhaupt unmöglich, einen genauen Trennungsstrich zu machen zwischen jenen Fällen, in denen der Patient in voller Freiheit nach Sterbehilfe verlangt, und jenen Fällen, in denen diese volle Freiheit nicht mehr gegeben ist oder sogar ganz eindeutig der Tod eines Menschen durch andere beschlossen wird.

Zunächst bedürfen die Begriffe einer näheren Klärung. Das Wort Euthanasie oder Sterbehilfe kann im heutigen Sprachgebrauch verschiedene Bedeutungen haben. Es kann damit folgendes gemeint sein:

– Sterbehilfe ohne Lebensverkürzung, also etwa die normale

medizinische Betreuung des Sterbenden durch den Arzt oder den Seelsorger;
- Verzicht auf Anwendung lebensverlängernder Mittel („passive Euthanasie“);
- Betäubung der Schmerzen durch Mittel, die mit ihren Nebenwirkungen den Organismus belasten und den Sterbeprozeß beschleunigen (das bekannte Schmerzmittel Morphium kann z. B. auch zu Herzlähmung und Tod führen);
- direkte gewollte und durch aktive Maßnahmen herbeigeführte Verkürzung des Lebens auf Wunsch des Patienten („aktive Euthanasie“);
- der absichtlich herbeigeführte Tod ohne oder gegen den Willen des Patienten (z. B. die Tötung Unschuldiger in den Gaskammern der KZs). Hier handelt es sich eindeutig um Mord.

Im folgenden ist vor allem von der aktiven Euthanasie die Rede, also von der Tötung des Patienten auf seinen eigenen Wunsch.

Zur Geschichte der Euthanasie

Die Diskussion um die Euthanasie hat eine sehr alte Tradition.[1] Bei nicht wenigen Naturvölkern war die Sitte verbreitet, sehr alte und kranke Menschen zu töten, um sie vor Leiden zu bewahren und die Gemeinschaft von ihnen zu entlasten.

Auch im AT finden wir Spuren von Euthanasie. In 1 Sam 31,1–4 wird berichtet, wie Saul und seine Söhne im Kampf gegen die Philister unterliegen: „Da befahl Saul seinem Waffenträger: Ziehe dein Schwert und töte mich, denn diese Unbeschnittenen sollen mich nicht umbringen und mit mir nicht ihren Mutwillen treiben. Der Waffenträger wollte es nicht tun, denn er hatte Angst. Da stürzte sich Saul selbst in sein Schwert.“ – In 2 Sam 1,10 erzählt hingegen ein Amalekiter, daß Saul ihn gerufen und gebeten habe, ihn zu töten. Dann heißt es: „Ich ging also zu ihm und tötete ihn, denn ich wußte, daß er seine Niederlage nicht überleben würde.“ Für dieses Geständnis wurde der Amalekiter dann totgeschlagen (2 Sam 1,15). Während der Eid des Hippokrates die Euthanasie absolut verbietet, wird sie in der Politea Platons (409e–410a) positiv beurteilt. Arzt und Richter haben demnach die Pflicht, „die dem Leibe nach nicht Gutgearteten sterben zu lassen, die der Seele nach Bösartigen und Unheilbaren umzubringen." Ebenso meint Seneca (De ira I,15), daß Unverbesserliche aus der menschlichen Gesellschaft ausgeschieden werden sollen, wie man Mißgeburten und sieches Vieh aus der Welt schafft. In den Briefen 58 und 70 an Lucilius entwickelt Seneca seine Prinzipien der Euthanasie. Tacitus erzählt dann in den Annalen (XV,60–64), wie Seneca selbst durch Euthanasie stirbt. – Nach Sueton, das Leben der Cäsaren, Augustus 99, wünschte Augustus für sich und die Seinen einen schnellen und qualfreien Tod, den er „euthanasia" nannte.

Thomas Morus kommt in seiner Utopia 1515 (III,21) auf die Krankenpflege zu sprechen. Ist auf der Insel Utopia eine Krankheit unheilbar und dauernd qualvoll, so reden Priester und Behörden dem Kranken zu, den Tod durch sich oder durch andere zu wählen. Ein solcher Tod gilt als ehrenvoll. Lehnt der Kranke ab, so wird er hingebungsvoll bis an sein Ende gepflegt.

Auch M. Luther berührt die Thematik. Nach ihm gibt es vom Teufel unterschobene Kinder, die er „Wechselkinder", „Wechselbälge" oder „Kielköpfe" nennt. Solch „teuflische" Kinder bezeichnet er als „massa carnis" (ein Stück Fleisch); bei ihnen wollte er durch Ertränken „das Homicidium (Menschenmord) dran wagen". Im Werk des Francis Bacon, De dignitate et augmentis scienciarum (Über die Würde und den Fortgang der Wissenschaften), Buch IV, Kap. II, taucht dann der Begriff Euthanasie zum ersten Mal als eigentlicher Terminus technicus auf. Bacon sagt, daß die Ärzte bei hoffnungslos Kranken „ihre Kunst und ihren Fleiß darauf verwenden sollten, daß die Sterbenden leichter und sanfter aus dem Leben gehen". Eine solche Kunst nannte er „äußere Euthanasie", im Unterschied zu jener (inneren), die die Seele auf den Tod vorbereitet.

Später begegnet uns das Thema wieder bei Adolf Jost, Das

Recht auf den Tod, Göttingen 1895. Jost sieht im Mitgefühl die Quelle der Moral. Dem unheilbar Leidenden stehe ein Recht auf Selbstmord oder Tötung auf Verlangen zu. Beim Geisteskranken werden diese Rechte vom Staat verwaltet. Die Diagnose auf Unheilbarkeit genüge, um die Tötung zu vollziehen. „Der Wert des menschlichen Lebens kann eben nicht bloß null, sondern auch negativ werden“ (26,18). Der Tod komme dann als Glück und Erlöser. Die meisten Argumente für die spätere Vernichtung lebensunwerten Lebens sind hier bereits zu finden!

Das in seinen Auswirkungen bedeutendste einschlägige Werk des 20. Jahrhunderts stammt von Karl Binding und Alfred Hoche: Die Freigabe der Vernichtung lebensunwerten Lebens. Ihr Maß und ihre Form. Leipzig 1920. Der Jurist Binding und der Psychiater Hoche waren der Meinung, daß es Menschenleben gibt, „die so stark die Eigenschaft des Rechtsgutes eingebüßt haben, daß ihre Fortdauer für die Lebensträger wie für die Gesellschaft dauernd allen Wert verloren hat“ (27). Binding hielt die unrettbar Verlorenen und die unheilbar Blödsinnigen dafür, Hoche die geistig Toten, die „Menschenhülsen“, die für ihn nur noch „Ballastexistenzen“ waren. Bei unrettbar Verlorenen sollte der Tod auf Verlangen erlaubt sein, bei unheilbar Blödsinnigen, die durch ein Gremium einstimmig beschlossene Tötung, wenn möglich auf Antrag Nahestehender.

Durch das Werk von Binding und Hoche war die Ideologie und Praxis des Nationalsozialismus[2] in der Frage der Euthanasie vorbereitet. Am 1. September 1939 gab Hitler die berüchtigte Anweisung: „Reichsleiter Bouhler und Dr. med. Brandt sind unter Verantwortung beauftragt, die Befugnisse namentlich zu bestimmender Ärzte so zu erweitern, daß nach menschlichem Ermessen unheilbar Kranken bei kritischster Beurteilung ihres Krankheitszustandes der Gnadentod gewährt werden kann. Gezeichnet Adolf Hitler.“ Was dann geschehen ist, ist bekannt. Es wurden nicht nur Juden, Zigeuner, Kirchenvertreter und politisch Andersdenkende in Konzentrationslager gebracht und vergast, sondern man holte

auch viele Tausende aus Altersheimen und Anstalten und brachte sie zur Vergasung.
Nach dem Zweiten Weltkrieg war das Thema der Euthanasie lange Zeit tabu. Man war noch geschockt von den Verbrechen der Nazis. Mit dem Abklingen dieses Schocks zeigt sich nun eine immer stärkere Tendenz, die Sterbehilfe oder den Tod auf Verlangen wieder positiv zu bewerten.[3] Bei einer Meinungsumfrage, die 1974 veröffentlicht wurde, sprachen sich 53 Prozent der Bürger der BRD für die direkte aktive Euthanasie, also für die Tötung auf Verlangen des Sterbenden aus; nur 33 Prozent waren dagegen. Noch erschreckender ist, daß 38 Prozent für die Tötung „lebensunwerten Lebens" auf Verlangen der Gesellschaft plädierten, ebenso viele dagegen und 24 Prozent unentschieden. – Bei einer repräsentativen Umfrage in der BRD 1984 stiegen die Befürworter der aktiven Sterbehilfe auf 72 Prozent!
Inzwischen ist das Thema offenbar noch aktueller geworden. Der Fall Hackethal und neuerdings Stellungnahmen und Aktionen französischer Ärzte zeigen, daß offenbar in der heutigen Gesellschaft eine große Bereitschaft besteht, das Sterben auf Verlangen positiv zu beurteilen. Auch verschiedene Prozesse der letzten Jahre, in denen Ärzte vor Gericht standen, weil sie Patienten auf deren Verlangen getötet hatten, haben durch die jeweils sehr milden Urteile gezeigt, in welche Richtung die Entwicklung drängt.

Sterbehilfe psychologisch gesehen

Was die psychologische Einstellung des Patienten[4] zur Euthanasie betrifft, so bestehen hier weithin Parallelen zur Selbsttötung. Es ist psychologisch kein großer Unterschied, ob jemand unmittelbar Hand an sich legt oder ob er den Arzt bittet, ihm eine tödliche Spritze zu verabreichen. Worum handelt es sich nun, wenn ein Kranker soweit kommt, daß er Euthanasie wünscht?
Psychologische Untersuchungen zeigen, daß die positive Ein-

stellung von Gesunden zur Euthanasie im Stadium schwerer Krankheit meist nicht aufrechterhalten wird.[5] Wenn der Tod auf Verlangen also für den einzelnen aktuell werden könnte, will er davon nichts mehr wissen, meist auch dann, wenn er Schmerzen leiden muß und die Krankheit keine Hoffnung auf Wiederherstellung offenläßt. Am ehesten macht noch jene Gruppe von Patienten eine Ausnahme, die sich isoliert und menschlich verlassen fühlt. So ist der Wunsch nach Euthanasie – ebenso wie der Wunsch nach Selbstmord – sehr häufig eigentlich ein Schrei nach Lebenshilfe. Der Patient fühlt sich einsam und hat in seiner Isolation das Gefühl, sein Leben sei sinnlos geworden.

Euthanasie ist deshalb wie die Selbsttötung in aller Regel eine Verzweiflungstat. Der Kranke will aus dem Leben scheiden, weil er es nicht mehr ertragen kann. Von daher ergeben sich bereits Folgerungen für die sittliche Bewertung. Soll man einen Menschen in seiner Verzweiflungstat dadurch unterstützen, daß man ihm hilft, zu sterben? Oder soll man ihm aus seiner Verzweiflungstat heraushelfen, indem man sich um ihn bemüht, ihm seine Zuwendung schenkt und ihm dadurch Kraft gibt, wieder ja zum Leben zu sagen? Offenbar ist nur das zweite menschlich, also das Bemühen, dem Kranken wieder Lebensmut und Arbeitskraft zu vermitteln.

Die Befürwortung der Euthanasie erscheint insofern als anthropologisches Fehlurteil. Erfahrene Ärzte wie Kübler-Ross, Twycross, C. Saunders (St.-Christophers-Hospiz), Sporken usw. sind sich darin einig, daß der Wunsch eines Kranken nach Euthanasie fast nie wörtlich gemeint ist. Es handle sich – abgesehen von sehr seltenen Ausnahmen – um einen Wunsch nach besserer Hilfe.

Das Problem der Schmerzen[6] wird in diesem Zusammenhang oft überschätzt, insbesondere von den Gesunden. Sie haben eigentlich Angst vor der Krankheit, vor dem Sterben. Sie meinen, daß man durch Euthanasie dieses Problem, das sie ängstigt, aus der Welt schaffen kann. In Wirklichkeit ist es heute medizinisch fast immer möglich, Schmerzen wirksam zu bekämpfen. Freilich kann es sein, daß der Patient selbst gar nicht möchte, daß seine Schmerzen mit den stärksten Mitteln bekämpft werden, weil er in seinem Bewußtsein nicht zu sehr beeinträchtigt werden möchte. Es kann aber auch sein, daß ein Patient deshalb über starke Schmerzen klagt, weil er das Gefühl hat, zuwenig umsorgt zu werden. So ist der Wunsch nach Euthanasie auch in dieser Hinsicht oft verdächtig. Tatsächlich bleiben allzu wenig Angehörige (ca. 15 Prozent) bei den Sterbenden! Euthanasie kann wie der Selbstmord auch als Akt der Aggression gegen sich selbst betrachtet werden. In vielen Fällen nehmen Selbstmörder andere Menschen, besonders Familienangehörige, mit in den Tod. Auch bei der Euthanasie handelt es sich um eine aggressive Verachtung des menschlichen Lebens, und zwar des eigenen.

Sterbehilfe rechtlich gesehen

Es ist sicher richtig, daß die heutige Gesetzgebung[7] in der Bewertung von Selbsttötung und Euthanasie noch von einem christlichen Menschenbild beeinflußt ist. Manche meinen nun, es könne in Zukunft nicht mehr angehen, von einem solchen Standpunkt her über Andersgläubige und Andersdenkende zu richten. Aber wenn man dann die Problematik auch rechtlich durchdenkt, dann zeigt sich, welche Gefahren der Inhumanität und der Rechtsunsicherheit drohen, wenn Euthanasie zugelassen würde.

Jedermann würde zunächst als unabdingbare Voraussetzung für Euthanasie die freie Willensentscheidung des Patienten fordern. Nur wenn der Patient selbst es wünscht, wäre Euthanasie diskutabel. – Aber hier ergibt sich schon die erste Schwierigkeit. Wie erkennt man den Willen des Patienten? Wenn ein unheilbar Kranker vielleicht unter dem Einfluß schwerer Medikamente eine Tötung verlangt, dann ist er eben nicht mehr in ausreichendem Maß Herr seiner eigenen Entscheidungen. Es wäre aus rechtlichen Gründen nicht zulässig, wenn jemand in einem solchen Zustand Rechtsgeschäfte größeren Umfangs abwickeln würde; weil er eben nicht im Voll-

besitz seiner geistigen Kräfte ist. Erst recht wäre es fragwürdig, wenn jemand in dieser Situation über seine Existenz entscheiden würde.
Man hat deshalb vorgeschlagen, Euthanasie solle nur dort zugelassen werden, wo jemand sich schon viel früher, etwa in gesunden Tagen, entschieden hat und seinen Willen in einer rechtsgültigen Form bekundet hat. Aber hier gibt es erst recht schwere Bedenken, denn es ist gar nicht gesagt, daß jemand den Wunsch nach Euthanasie, den er vielleicht in früheren Jahren einmal dokumentiert hat, tatsächlich bis in die Gegenwart festhält. Es kann durchaus sein, daß er jetzt gerne weiterleben würde, wenn man sich nur genügend um ihn kümmern und ihm helfen würde, im Leben wieder einen Sinn zu finden. Der Schwerkranke ist psychologisch in mancher Hinsicht einem Kind zu vergleichen, das nicht voll über sich verfügen kann. Wenn ein kleines Kind beim Zahnarzt auf den Sessel gesetzt wird und der Arzt zu bohren anfängt, dann will dieses Kind oft auch am liebsten davonlaufen. Aber wenn man ihm hilft, diese Situation durchzustehen, ist es wieder fröhlich und dankbar für sein Leben. Ähnliches kann auch für den Schwerkranken gelten. Von sich aus würde er vielleicht sein Leben wegwerfen. Aber wenn man ihm beisteht, kann er durchaus wieder in eine Verfassung kommen, in der er ja zum Leben sagt, auch wenn es für ihn vielleicht nicht mehr sehr lange dauern wird.
Weiters ist zu bedenken, daß die gesetzliche Zulassung der Euthanasie sehr leicht zu einem massiven Druck der Umgebung auf den Patienten führen kann. Wenn z. B. der Patient längerer und aufwendiger Pflege bedarf, könnte er leicht zu der Meinung kommen, seine Angehörigen wären froh, wenn er endlich seinem Leben ein Ende setzen würde. Vielleicht lassen manche Angehörige auch eine solche Meinung durchblicken. Der Patient könnte das Gefühl bekommen, daß er eigentlich kein wirkliches Recht auf Weiterleben mehr besitze. Gerade das könnte ihn schließlich in den Tod treiben. – Für die Angehörigen könnte selbstverständlich auch die anscheinend frei gewollte Euthanasie zu einer schweren Gewissens-

belastung werden, denn sie würden vielleicht nicht mit Unrecht vermuten, daß der Kranke nicht dieses Ende gewählt hätte, wenn sich die Angehörigen mehr um ihn angenommen und ihm mehr Liebe gezeigt hätten.

Grundsätzlich ist eben hier zu bedenken, daß ein solcher Patient sich nie völlig unabhängig von den Mitmenschen zur Euthanasie entscheiden wird, sondern daß die Art seiner mitmenschlichen Beziehungen dabei eine ausschlaggebende Rolle spielt. Das führt auf der einen Seite zu einer vielleicht entscheidenden Beeinflussung des Kranken durch die Umgebung und auf der anderen Seite zu vielleicht sehr quälenden psychischen Konflikten und Schuldgefühlen für Angehörige oder Pflegende. – Ein Kranker, der sein schweres Leiden mit Geduld erträgt, kann im Gegensatz dazu für seine Umgebung zu einem großen Segen werden.

Eine zusätzliche Schwierigkeit bei den rechtlichen Aspekten könnte oft die sein, daß hier Mißbrauch und Schuld kaum beweisbar sind. Wer will eindeutig beweisen, ob ein Arzt die Euthanasie an einem Patienten auf dessen wirklichen Wunsch hin vorgenommen hat, oder ob er die Entscheidung in einer Situation getroffen hat, in der der Patient geistig nicht voll bei Kräften war? Aber noch eine weitere, sehr schwerwiegende Überlegung ist hier anzustellen: Wenn man einmal Euthanasie rechtlich zuläßt, und zwar verstanden als Tötung des Patienten auf dessen eigenes ausdrückliches Verlangen, dann können sich daraus die gefährlichsten Weiterungen ergeben. Denn wenn jemand mit vollem Bewußtsein ein tödliches Medikament verlangt, dann ist eigentlich nicht mehr einzusehen, warum man diese vermeintliche Gnade nicht auch einem Patienten erweisen soll, von dem man überzeugt ist, daß er nie mehr zu einem klaren Bewußtsein zurückkehren wird. Wenn man einmal zugesteht, daß es lebensunwertes Leben gibt, das am besten beendigt würde, dann legt sich die Versuchung nahe, etwa auch schwerbehinderte Kinder nach der Geburt zu töten oder schließlich alte und kranke Menschen, die volkswirtschaftlich nur noch einen Negativposten darstellen, in den Tod zu schicken, wie es ja im Dritten Reich in vielen

Fällen geschehen ist. Die Einschränkung, daß eine Tötung nur auf eigenes Verlangen erlaubt sein soll, zieht logisch und psychologisch hier keine ausreichende Grenze. Die Unmenschlichkeiten, die hier drohen, können nur dadurch wirksam ausgeschlossen werden, daß eben jede aktive Tötung eines Menschen, auch die auf seinen eigenen Wunsch hin, abgelehnt wird.

Sterbehilfe theologisch gesehen

Die theologische Begründung[8] für die Ablehnung der Euthanasie ist nicht mit einem zwingenden Vernunftargument zu liefern. Es überzeugt heute auch nicht mehr jeden, wenn man sagt, Euthanasie und Selbsttötung sei deshalb verboten, weil Gott allein der Herr über Leben und Tod sei. Denn man könnte dagegen argumentieren, daß Gott ja den Menschen so geschaffen habe, daß er sich selber töten könne. So wie der Mensch alle anderen Fähigkeiten prinzipiell gebrauchen darf, weil der Schöpfer sie ihm gegeben hat, so könnte er dann ja auch diese Fähigkeit der Selbsttötung nützen.

Das eigentliche Argument wird sich nur dem erschließen, der sich mit seiner ganzen Existenz darauf einläßt. Wenn zwei Menschen sich sehr lieben, dann wissen sie, daß einfach ihr Dasein füreinander einen Wert hat und daß der andere ärmer würde, wenn der eine ihn verließe. Einfach das Dasein mit dem anderen gibt dem Leben seinen entscheidenden Sinn. Das gilt ähnlich für das Dasein des Menschen vor Gott. Solange ein Mensch lebt, kann er in seinem Leben Liebe und Glauben verwirklichen, auf diese Weise von Gott Gnade empfangen und auch für andere zum Segen werden. Für die Mitmenschen kann es viel bedeuten, wenn ein Kranker in Geduld, Liebe und Gelassenheit das Zeugnis eines christlichen Lebens gibt. Ein solches Weiterleben hat vor Gott und vor den Mitmenschen einen hohen Wert.

Wenn hingegen ein Mensch an diese Werte nicht glaubt, wenn er sein Leben als sinnvoll beendet, dann widerspricht das eigentlich dem Glauben an Gott und der richtig verstandenen Liebe zu den Mitmenschen.

Selbstverständlich wird man heute äußerst zurückhaltend sein, über Menschen, die sich selbst getötet haben oder die nach Euthanasie verlangen, eine moralische Verurteilung auszusprechen. Denn wir wissen auch, daß solche Menschen oft aus völliger innerer Überforderung heraus handeln, sodaß ihre Tat nicht mehr eigentlich ein Werk der Freiheit ist, sondern geradezu etwas Zwanghaftes. Aber das kann nicht heißen, daß man als denkender und gläubiger Mensch, der noch über seine Freiheit verfügt, Euthanasie einfach als richtig und wünschenswert betrachtet. Statt Menschen zu verurteilen, die mit solchen Gedanken spielen, wird man sich aufgerufen wissen, ihnen beizustehen, sich um sie zu kümmern, mit ihnen zu sprechen, ihnen seine Sorge zuzuwenden. Das ist das Wichtigste, was man tun kann, um diesen Gedanken der Verzweiflung und der Selbstaufgabe aus der Welt zu verbannen.

Anmerkungen

1 Vgl. H.-D. Hiersche, Euthanasie. Probleme der Sterbehilfe. Eine interdisziplinäre Stellungnahme. München 1975, 11–36; A. Eser (Hrsg.), Suizid und Euthanasie als human- und sozialwissenschaftliches Problem. Stuttgart 1976, 12–74.

2 E. Klee, „Euthanasie" im NS-Staat. Die „Vernichtung lebensunwerten Lebens". Frankfurt a. M. [2]1983.

3 P. Moor, Die Freiheit zum Tode. Ein Plädoyer für das Recht auf menschenwürdiges Sterben. Euthanasie und Ethik. Reinbek b. Hamburg 1973.

4 A. Eser, ebd. 75–108

5 M. v. Lutterotti, Menschenwürdiges Sterben. Kann sich die Gesellschaft auf das Gewissen des Arztes verlassen? Freiburg i. Br. 1985, bes. 103–120.

6 O. Mayrhofer und P. Porges, Möglichkeiten und Grenzen der Schmerzausschaltung mittels Nervblockaden in: A. Eser, ebd. 121–124.

7 A. Eser, ebd. 301–422; ders. Sterbehilfe und Euthanasie in rechtlicher Sicht, in: V. Eid (Hrsg.), Euthanasie oder: Soll man auf Verlangen töten? Mainz 1975.

8 A. Eser, ebd. 245–284; G. Greshake, Bemühungen um eine Theologie des Sterbens, in: V. Eid, Euthanasie oder: Soll man auf Verlangen töten? 170–184; H. Rotter, Zur Bewertung der Euthanasie, in: G. Virt (Hrsg.), Spiritualität in Moral. FS für K. Hörmann. Wien 1975, 157–165.

24.-/81

Shirley du Boulay
Cicely Saunders
Ein Leben für Sterbende. 200 Seiten, Snolin
Das Buch enthält die lebendige Schilderung der Persönlichkeit Dr. Saunders, die ganz eng mit ihrem Werk, der Gründung der modernen Hospiz-Bewegung, verbunden ist. Aufgezeigt wird der abenteuerliche und mühsame Weg von ihren Zielen bis zur Verwirklichung ihrer Pläne: Pflege, Behandlung und Begleitung der dem Tod Geweihten.

Günter Virt (Hg.)
Moral begründen – Moral verkünden
112 Seiten, Snolin
In dieser aktuellen Grundlagendiskussion stehen die beiden Haupttypen gegenwärtiger Moraltheologie miteinander im Gespräch: A. Auers Autonome Moral und H. Rotters heilsgeschichtlich-personaler Ansatz. Behandelt wird auch der Aspekt der Umsetzbarkeit in religionspädagogische Praxis.

Karl Golser (Hg.)
Christlicher Glaube und Moral
128 Seiten, Snolin
Es ist unbestritten, daß der Glaube Auswirkungen auf das sittliche Handeln hat. Im Buch wird versucht, den Weg vom Glauben zum sittlichen Handeln modellhaft aufzuzeigen, und zwar an der Verfügung über menschliches Leben (Josef Fuchs), an den Geschlechtsbeziehungen (Hans Rotter) und an der Welt der Arbeit (Lothar Roos).

Andreas Laun
Das Gewissen – Oberste Norm sittlichen Handelns
134 Seiten, Snolin
„Verdienstvoll ist das Anliegen Launs, in der gegenwärtig in der deutschen moraltheologischen Diskussion überwiegenden Normbegründungsdebatte die Gewissensdimension als eigentlicher sittlicher Entscheidungsinstanz anzusprechen.“
(Franz Furger)